Lösungen
Lernfeld Bautechnik

Grundstufe

Von
Balder Batran
Herbert Bläsi
Volker Frey
Gerd Hillberger
Klaus Hühn
Dr. Klaus Köhler
Eduard Kraus
Günter Rothacher
Kai-Michael Stumm

Handwerk und Technik • Hamburg

Benutzerhinweis:

Da beim Entnehmen von Maßen aus den Projektzeichnungen kleine Differenzen auftreten können, ist ein geringfügiges Abweichen der Ergebnisse von den Lösungsvorschlägen möglich. Dies lässt sich auch bei Aufmaßen in der Praxis nicht vermeiden.

Bei vielen projektbezogenen Aufgaben sind mehrere Lösungen möglich. Die vorgegebene Lösung stellt dann nur einen Vorschlag dar.

ISBN 978-3-582-0**3521**-9 XII/ab der13. Auflage

Verlag Handwerk und Technik GmbH,
Lademannbogen 135, 22339 Hamburg; Postfach 63 05 00, 22331 Hamburg – 2016
E-Mail: info@handwerk-technik.de – Internet: www.handwerk-technik.de

Satz und Layout: Hans Steffens Graphischer Betrieb GmbH, 22339 Hamburg
Umschlaglayout: Verlag Handwerk und Technik GmbH, 22339 Hamburg
Druck: Hans Steffens Graphischer Betrieb GmbH, 22339 Hamburg

Lernfeld 1: Einrichten der Baustelle

1. Verhältniszahl $n = \dfrac{\text{wirkliche Länge}}{\text{Zeichnungslänge}} = \dfrac{1099\ \text{cm}}{4\ \text{cm}} \approx \mathbf{275}$

oder Verhältniszahl $n = \dfrac{\text{wirkliche Länge}}{\text{Zeichnungslänge}} = \dfrac{750\ \text{cm}}{2{,}73\ \text{cm}} \approx \mathbf{275}$

2. Grundstücksgröße, Berechnung als Trapezfläche

Trapezhöhe:	7,50 m + 4,74 m =	12,24 m
Lange Trapezseite (Strecke $\overline{AD}$):	0,09 m · 275 =	24,75 m
Kurze Trapezseite (Strecke $\overline{BC}$):	0,085 m · 275 =	23,38 m

Grundstücksfläche $A = \dfrac{24{,}75\ \text{m} + 23{,}38\ \text{m}}{2} \cdot 12{,}24\ \text{m} = \mathbf{294{,}56\ m^2}$

Lernfeld 2: Erschließen und Gründen des Bauwerks

Hinweis: Lösungen zu Seite 51 s. Seiten 2 und 3

Baugruben (Seite 53)

1. Baugrubenaushub

Arbeitsraum je 2 · 0,6 m =	1,2 m
Schalung und Verbau je 2 · 2 · 0,15 m =	0,6 m
Gesamtzuschlag je Länge	1,8 m

$V = (12{,}75 + 1{,}8) \cdot (9{,}25 + 1{,}8) \cdot 1{,}75 =$ $\mathbf{281{,}36\ m^3}$

2. Böschungsbreiten

a) 1 · 1,60 m = **1,60 m**; **b)** 0,58 · 2,15 m = **1,25 m** **c)** 0,18 · 2,30 m = **0,41 m**

3. Aushub abgeböschte Baugrube, Zuschläge für Arbeitsraum und Schalung 1,30 m

Zuschlag für Böschungswinkel 45° zu den oberen Längen (t = 3,15 m): 2 · 1 · 3,15 m = 6,30 m

untere Baugrubenlängen: 12,50 + 1,30 = 13,80 m
13,75 + 1,30 = 15,05 m

Grundfläche: 15,05 · 13,80 = 207,69 m²

Obere Baugrubenlängen: 12,50 + 1,30 + 6,30 = 20,10 m
13,75 + 1,30 + 6,30 = 21,35 m

Deckfläche: 20,10 · 21,35 = 429,14 m²

$$V = \frac{207{,}69\ \text{m}^2 + 429{,}14\ \text{m}^2}{2} \cdot 3{,}15\ \text{m} = \mathbf{1003{,}01\ m^3}$$

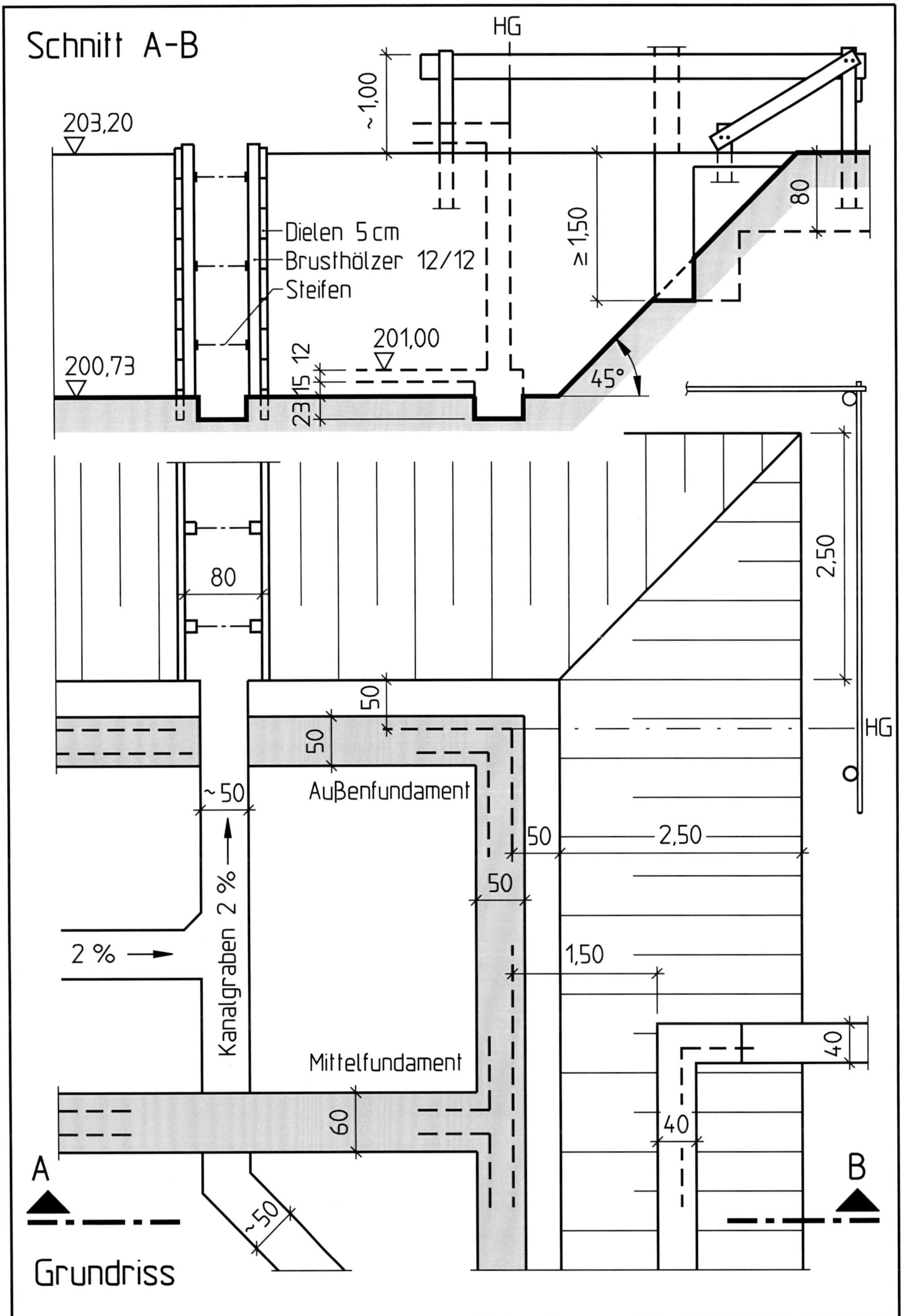

Baugrube, Fundament- und Kanalgräben, Schnurgerüst

1:50

Seite 51/1

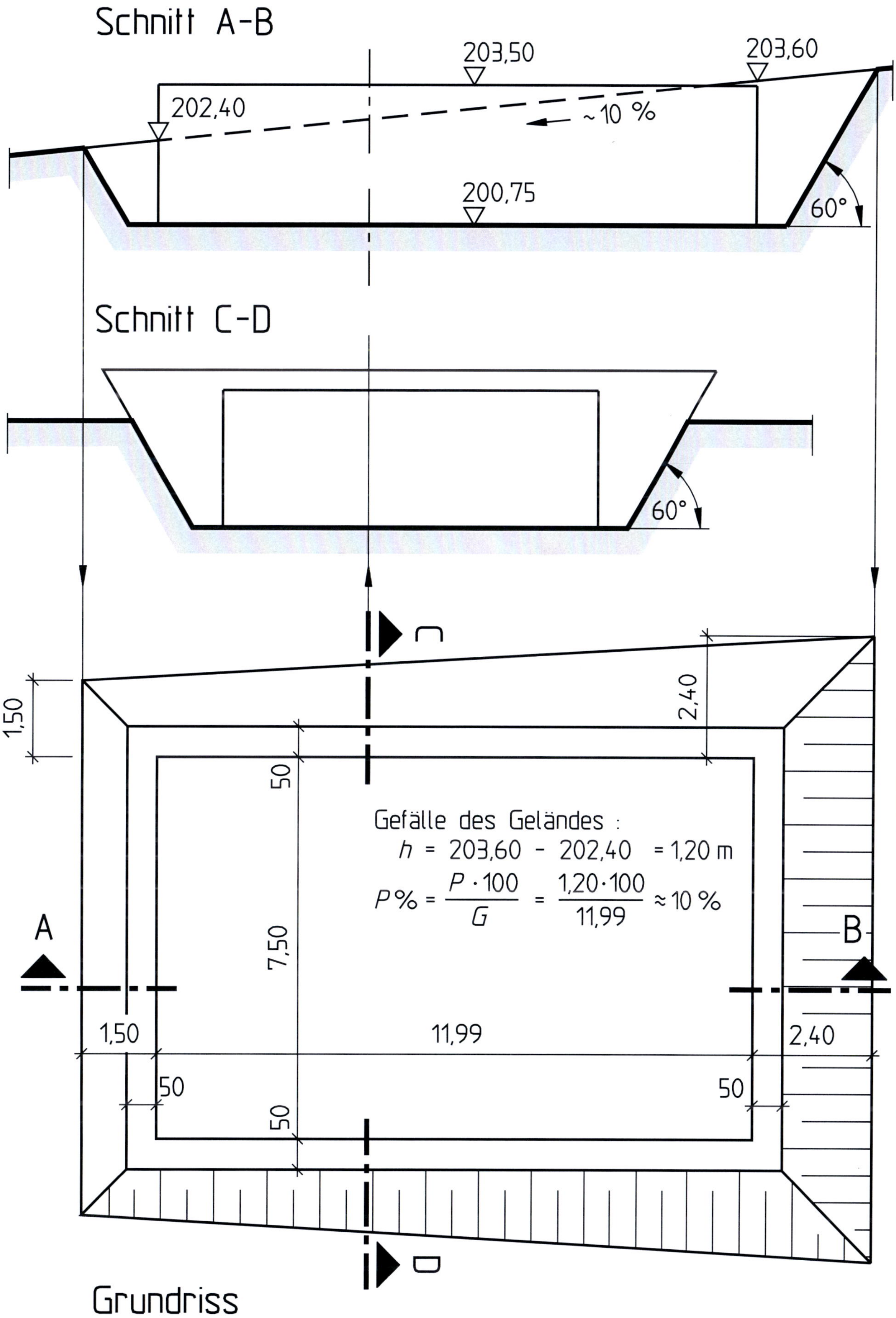

		Baugrube bei geneigtem Gelände	1 : 100		
				Seite 51/2	

4. Baugrubenaushub, Zuschläge $2 \cdot 0{,}5\ \text{m} = 1{,}0\ \text{m}$,

Zuschlag für Böschungswinkel 45° zu den oberen Längen ($t = 2{,}65$ m): $2 \cdot 1 \cdot 2{,}65\ \text{m} = 5{,}30\ \text{m}$

untere Baugrubenlängen: $14{,}25 + 1{,}0 = 15{,}25$ m, bzw. $10{,}75 + 1{,}0 = 11{,}75$ m

Grundfläche: $15{,}25 \cdot 11{,}75 = 179{,}19\ \text{m}^2$

obere Baugrubenlängen: $14{,}25 + 1{,}0 + 5{,}30 = 20{,}55$ m, bzw. $10{,}75 + 1{,}0 + 5{,}30 = 17{,}05$ m

Deckfläche: $20{,}55 \cdot 17{,}05 = 350{,}38\ \text{m}^2$

$$\frac{179{,}19\ \text{m}^2 + 350{,}38\ \text{m}^2}{2} \cdot 2{,}65\ \text{m} = \mathbf{701{,}68\ m^3}$$

5. Bodenabtrag aus Aufgabe 4 bei Auflockerung (20%)

$$V = \frac{701{,}68\ \text{m}^3 \cdot 120\%}{100\%} = \mathbf{842{,}02\ m^3}$$

6. Reihenhaus

a)

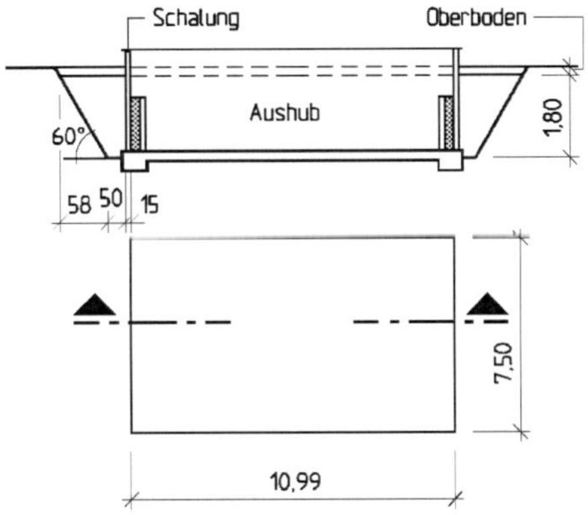

b) Oberbodenabtrag

Böschungsbreite je $2 \cdot 0{,}58 \cdot 1{,}80$ m =	2,09 m
+ Arbeitsraum je $2 \cdot 0{,}5$ m =	1,00 m
+ Schalung je $2 \cdot 0{,}15$ m =	0,30 m
Gesamtzuschlag je Länge	3,39 m
obere Baugrubenlängen:	$10{,}99 + 3{,}39 = 14{,}38$ m
	$7{,}50 + 3{,}39 = 10{,}89$ m

Oberbodenabtrag: $14{,}38 \cdot 10{,}89 = \mathbf{156{,}60\ m^2}$

c) Aushub

untere Sohlenlängen: $10{,}99 + 1{,}3 = 12{,}29$ m bzw. $7{,}50 + 1{,}3 = 8{,}80$ m

Grundfläche: $12{,}29 \cdot 8{,}80 = 108{,}15\ \text{m}^2$

$$V = \frac{156{,}60\ \text{m}^2 + 108{,}15\ \text{m}^2}{2} \cdot 1{,}80\ \text{m} = \mathbf{238{,}28\ m^3}$$

d) Bodenauflockerung (15%): $V = \dfrac{238{,}28\ \text{m}^3 \cdot 115\%}{100\%} = \mathbf{274{,}02\ m^3}$

7. Aushub für die Fundamente gemäß Plan (Abschnitt 2.3.6, im Lehrbuch Seite 64)

Aushubtiefe (ab Baugrubensohle) 0,23 m

Äußere Fundamente:	$2 \cdot [10{,}99 + (0{,}50 - 0{,}24)] \cdot 0{,}50 \cdot 0{,}23$	$= 2{,}59\ \text{m}^3$
	$2 \cdot (7{,}49 - 0{,}50 - 0{,}24 - 0{,}13) \cdot 0{,}50 \cdot 0{,}23$	$= 1{,}52\ \text{m}^3$
Innere Fundamente:	$2 \cdot (7{,}49 - 0{,}50 - 0{,}24 - 0{,}13) \cdot 0{,}60 \cdot 0{,}23$	$= 1{,}83\ \text{m}^3$
Schornsteinfundament:	$0{,}60 \cdot 0{,}35 \cdot 0{,}23 =$	$0{,}05\ \text{m}^3$
	Fundamentaushub	$\mathbf{5{,}99\ m^3}$

Gräben

1. Aushub verbauter Graben, Grabenbreite: $b = 0{,}80$ (Mindestbreite) $+ 2 \cdot 0{,}15 = 1{,}1$ m
$V = 1{,}1 \cdot 1{,}74 \cdot 35{,}55 =$ **68,04 m³**

2. Aushub unverbauter Graben

Grabenbreiten: Sohle: $b = 0{,}90$ m (Mindestbreite); oben: $b = 0{,}90 + 2 \cdot 2{,}05 = 5{,}00$ m

Grundfläche: $28{,}75 \cdot 0{,}90 = 25{,}88\ \text{m}^2$

Deckfläche: $28{,}75 \cdot 5{,}00 = 143{,}75\ \text{m}^2$

$$V = \frac{25{,}88\ \text{m}^2 + 143{,}75\ \text{m}^2}{2} \cdot 2{,}05\ \text{m} = \mathbf{173{,}87\ m^3}$$

3. Aushub verbauter Graben

Grabenbreite; $b = 1{,}76 + 1{,}0 + 2 \cdot 0{,}15 = 3{,}06$ m

$V = 3{,}06 \cdot 3{,}55 \cdot 50{,}50 =$ **548,58 m³**

4. Überschüttung zu Aufgabe 3

Aushubquerschnitt:	$3{,}06 \cdot 3{,}55 =$	$10{,}86\ \text{m}^2$
– Sandbettquerschnitt:	$3{,}06 \cdot 0{,}40 =$	$1{,}22\ \text{m}^2$
– Rohrquerschnitt:	$1{,}76 \cdot 1{,}76 \cdot 0{,}785 =$	$2{,}43\ \text{m}^2$
Querschnitt der Überschüttung		$7{,}21\ \text{m}^2$

Überschüttung: $V = 7{,}21\ \text{m}^2 \cdot 50{,}50\ \text{m} =$ **364,11 m³**

5. Überschüttung im unverbauten Graben

Grabenbreite an der Grabensohle: $b = 0{,}90$ m (Mindestbreite)

Grabenbreite oberhalb der Sickerschicht: $b = 0{,}90 + 2 \cdot 0{,}58 \cdot 0{,}25 = 1{,}19$ m

Querschnittsfläche Sickerschicht: $A = \dfrac{1{,}19\ \text{m} + 0{,}90\ \text{m}}{2} \cdot 0{,}25\ \text{m} = 0{,}26\ \text{m}^2$

obere Grabenbreite: $b = 0{,}90 + 2 \cdot 0{,}58 \cdot 2{,}06 = 3{,}29$ m

Querschnittsfläche des gesamten Grabens: $A = \dfrac{3{,}29\ \text{m} + 0{,}90\ \text{m}}{2} \cdot 2{,}06\ \text{m} = 4{,}32\ \text{m}^2$

Querschnittsfläche des Rohres: $A = 0{,}38 \cdot 0{,}38 \cdot 0{,}785 = 0{,}11\ \text{m}^2$

Aushubquerschnitt:	$4{,}32\ \text{m}^2$
– Sickerschichtquerschnitt:	$0{,}26\ \text{m}^2$
– Rohrquerschnitt:	$0{,}11\ \text{m}^2$
Querschnitt der Überschüttung	$3{,}97\ \text{m}^2$

Überschüttung: $V = 3{,}97\ \text{m}^2 \cdot 28{,}55\ \text{m} =$ **113,34 m³**

6. Entwässerung eines Einfamilienhauses

a) Aushub, Grabenbreite: 0,90 m (Mindestbreite) + 2 · 0,15 m (Verbau) = 1,20 m

$V = 1{,}20 \cdot 1{,}90 \cdot 7{,}80 = \mathbf{17{,}78\ m^3}$

b) Wiederverfüllung,

Aushubquerschnitt:	1,20 · 1,90 =	2,28 m^2
– Sandbettquerschnitt:	1,20 · 0,20 =	0,24 m^2
– Rohrquerschnitt:	0,24 · 0,24 · 0,785 =	0,05 m^2
Querschnitt der Überschüttung		1,99 m^2

Überschüttung: 1,99 m^2 · 7,80 m = **15,52 m^3**

Gründung (Seite 62)

1. Untergeschosswand mit Streifenfundament (Eigenlast des Fundamentes ist nicht berücksichtigt!)

a) Sohldruck $\sigma_{E,d} = \frac{80\ kN/m}{0{,}50\ m} = \mathbf{160\ \frac{kN}{m^2}}$

b) 160 kN/m^2 < 280 kN/m^2; das Fundament ist ausreichend bemessen.

2. $b = \frac{100\ kN/m}{210\ kN/m^2} = \mathbf{0{,}48\ m}$

3. Streifenfundament; erf. $b = \frac{100\ kN/m}{240\ kN/m^2} = \mathbf{0{,}42\ m}$

4. Streifenfundament: Fundamentbelastung = 280 kN/m^2 · 0,5 m = **140 kN/m**

5. Sohldruck $= \frac{F}{A} = \frac{55\ kN + 10\ kN}{0{,}50\ m \cdot 0{,}45\ m} = \mathbf{288{,}9\ \frac{kN}{m^2}}$

6. Fundamentbreite *b* und -tiefe *d*

erf. $b = \frac{120\ kN/m}{200\ kN/m^2} = \mathbf{0{,}60\ m}$; erf. $d = \frac{b-t}{2} \cdot 2 = 0{,}60\ m - 0{,}30\ m = \mathbf{0{,}30\ m}$

Außenfundament

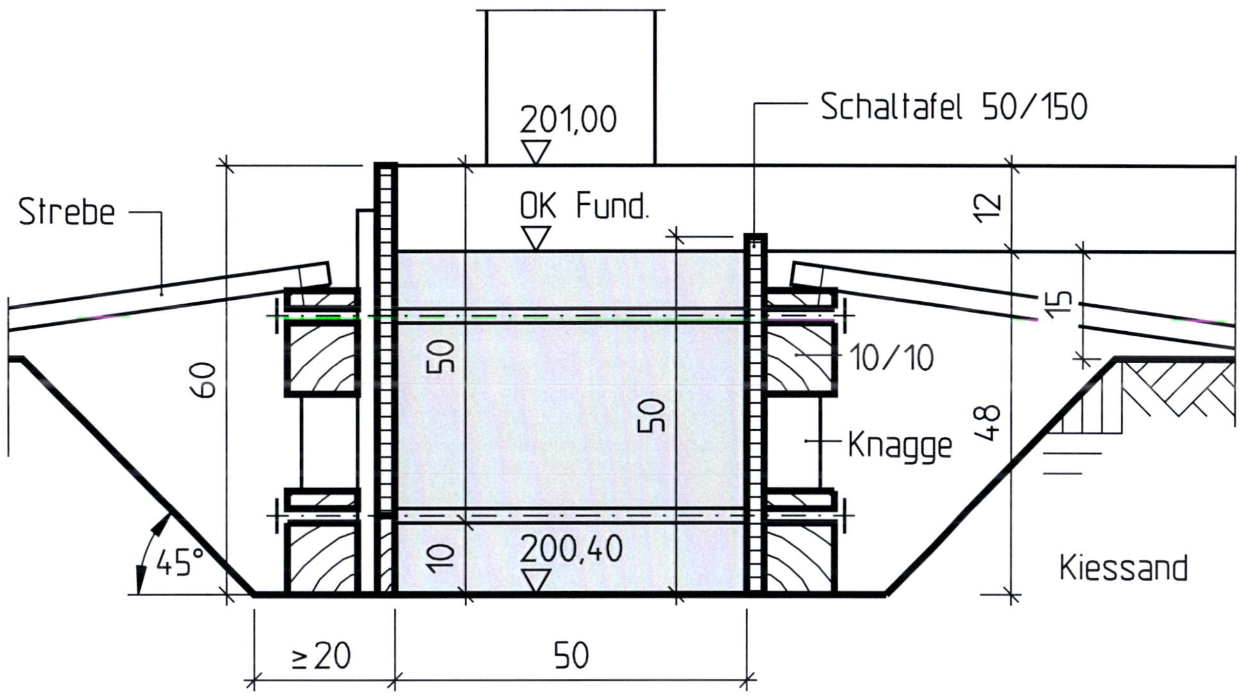

Mittelfundament

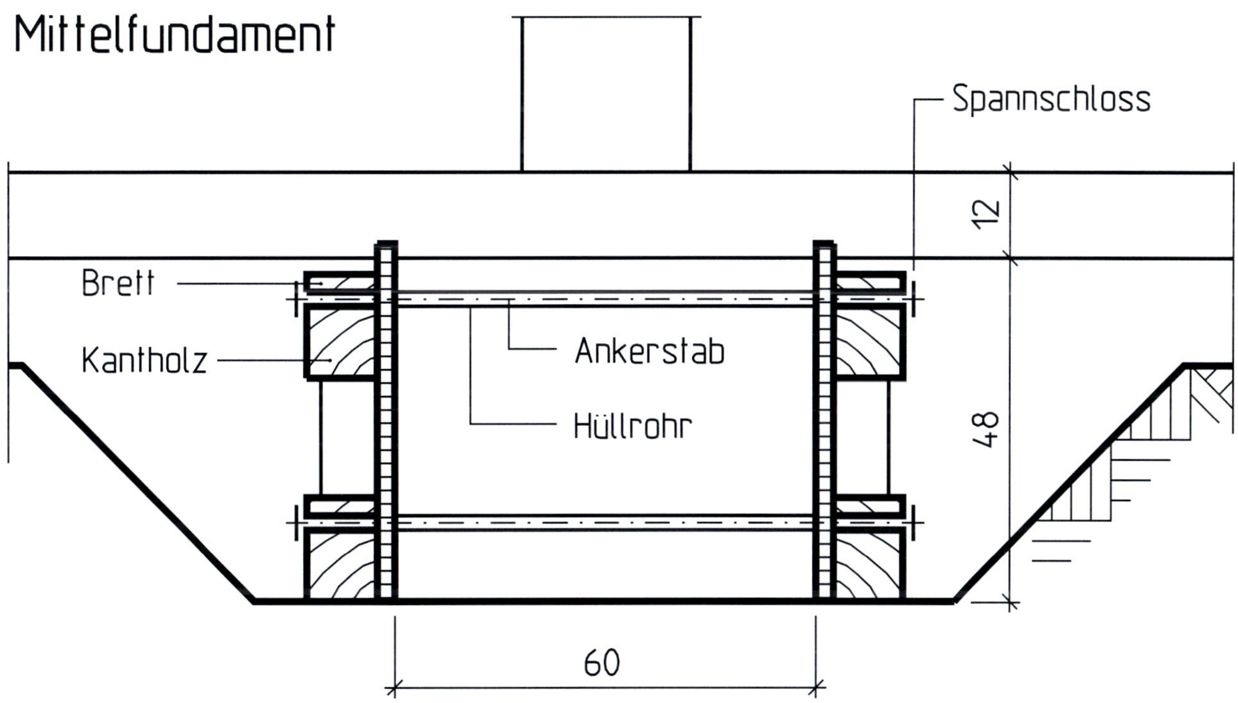

Außen- und Mittel-fundament	1:10	Seite 64/1	

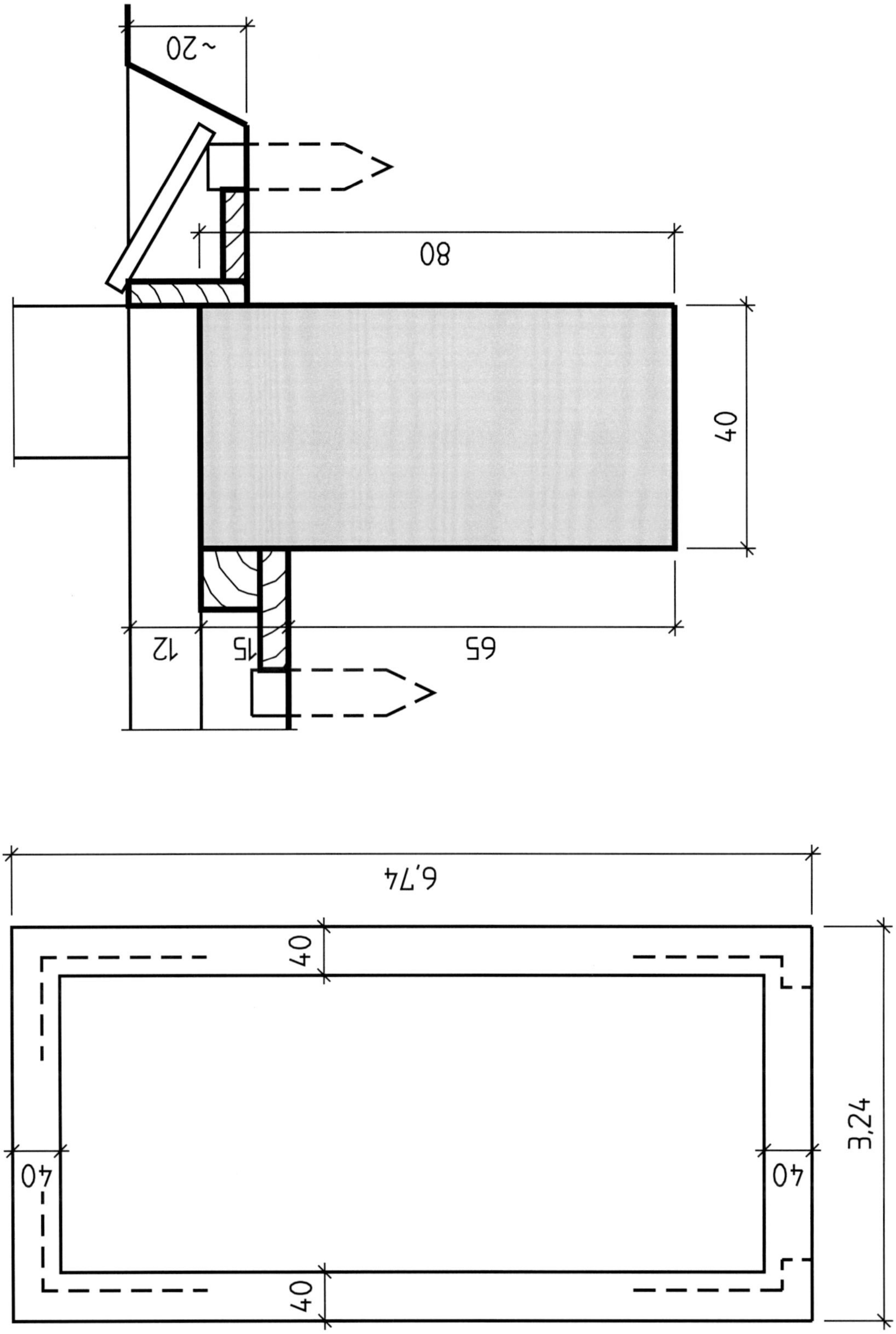

Garagenfundament	1:50 1:10	Seite 64/2

Entwässerung

1. Gefälle der Grundleitung 1:66,7

a) auf 1m Länge $\dfrac{100\ \text{cm}}{66{,}7} = \mathbf{1{,}50\ cm}$ **b)** Höhenunterschied $\dfrac{1520\ \text{cm}}{66{,}7} = \mathbf{22{,}79\ cm}$

2. Anschluss an den Straßenkanal, Gefälle 1,5 %

a) auf 1m Länge $\dfrac{100\ \text{cm} \cdot 1{,}5\ \%}{100\ \%} = \mathbf{1{,}50\ cm}$ **b)** Höhenunterschied $\dfrac{780\ \text{cm} \cdot 1{,}5\ \%}{100\ \%} = \mathbf{11{,}70\ cm}$

3. Nassboden

a) 100 cm · 0,02 = **2,0 cm** 100 cm · 0,03 = **3,0 cm**

b) Verhältnis: 2:100 = **1:50** 3:100 = **1:33,3**

4. Entwässerungsleitung, Gefälle 1:50 (1:40)

a) h = 850 cm / 50 = **17 cm** h = 1375 cm / 50 = **27,5 cm**

h = 850 cm / 40 = **21,3 cm** h = 1375 cm / 40 = **34,4 cm**

b) Gefälle in %

$p = \dfrac{17\ \text{cm} \cdot 100\ \%}{850\ \text{cm}} = \mathbf{2\ \%}$ $p = \dfrac{27{,}5\ \text{cm} \cdot 100\ \%}{1375\ \text{cm}} = \mathbf{2\ \%}$

$p = \dfrac{21{,}3\ \text{cm} \cdot 100\ \%}{850\ \text{cm}} = \mathbf{2{,}5\ \%}$ $p = \dfrac{34{,}4\ \text{cm} \cdot 100\ \%}{1375\ \text{cm}} = \mathbf{2{,}5\ \%}$

5. Entwässerungsleitung

$p = \dfrac{31\ \text{cm} \cdot 100\ \%}{1720\ \text{cm}} = \mathbf{1{,}8\ \%}$ $p = \dfrac{15\ \text{cm} \cdot 100\ \%}{1150\ \text{cm}} = \mathbf{1{,}3\ \%}$

Gefälle eingehalten Gefälle nicht eingehalten

6. Tabelle ergänzen, errechnete Werte **fett**

a)	b)	c)	d)
1:80	**1:40**	**1:20**	1:2
1,25 %	2,5 %	**5 %**	**50 %**
120 m	**4280 m**	6 m	3 m
1,5 m	107 m	0,3 m	**1,5 m**

7. Estrich in einer Waschküche:

a) Das kleinste Gefälle befindet sich in III, da hier die Entfernung des Randes zum Bodeneinlauf am größten ist. $h = \frac{320\text{ cm} \cdot 1{,}5\ \%}{100\ \%} = \mathbf{4{,}8\ cm}$

b) Gefälle in den übrigen Feldern

I: $p = \frac{4{,}8\text{ cm} \cdot 100\ \%}{90\text{ cm}} = \mathbf{5{,}3\ \%}$ **II**: $p = \frac{4{,}8\text{ cm} \cdot 100\ \%}{230\text{ cm}} = \mathbf{2{,}1\ \%}$

IV: $p = \frac{4{,}8\text{ cm} \cdot 100\ \%}{82\text{ cm}} = \mathbf{5{,}9\ \%}$

8. Gefälleboden, Gefälle in den Richtungen

a: $p = \frac{2\text{ cm} \cdot 100\ \%}{150\text{ cm}} = \mathbf{1{,}33\ \%}$ **b**: $p = \frac{4\text{ cm} \cdot 100\ \%}{150\text{ cm}} = \mathbf{2{,}67\ \%}$

c: $p = \frac{2\text{ cm} \cdot 100\ \%}{220\text{ cm}} = \mathbf{0{,}91\ \%}$ **d**: $p = \frac{4\text{ cm} \cdot 100\ \%}{220\text{ cm}} = \mathbf{1{,}82\ \%}$

e: $p = \frac{2\text{ cm} \cdot 100\ \%}{290\text{ cm}} = \mathbf{0{,}69\ \%}$

9. Entwässerungsleitung 1:75 (1:80)

a) Gefälle: $p = \frac{1 \cdot 100\ \%}{75} = \mathbf{1{,}33\ \%}$ $p = \frac{1 \cdot 100\ \%}{80} = \mathbf{1{,}25\ \%}$

b) Höhe: 100 m · 0,0133 = **1,33 m** 100 m · 0,0125 = **1,25 m**

Hinweis: Lösungen zu den Aufgaben 1 und 2 von Seite 75 s. Seite 11 und 12

Baustoffbedarf, (überschlägig) nach Entwässerungsplan Seite 75 und UG-Grundriss Seite 3

a) Dränrohre DN 100: ca. 30 m

b) Gerade Steinzeugrohre DN 100: ca. 17 m; DN 125: ca. 3,5 m; DN 150: ca. 3 m

c) Anzahl Abzweige: 4 Stück; Anzahl Bogenstücke: 4 Stück

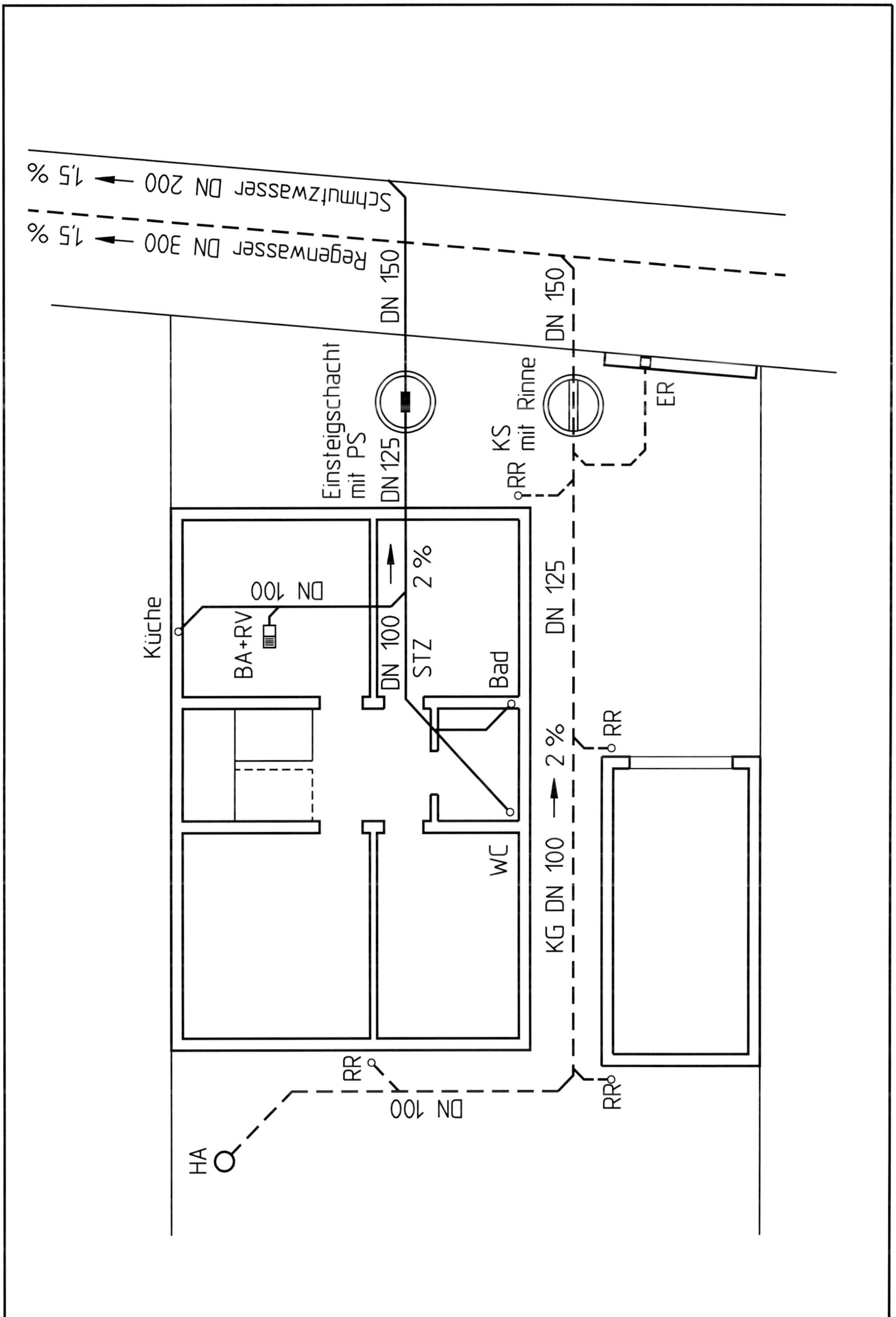

Entwässerungsplan
Trennsystem

1:100

Seite 75/1

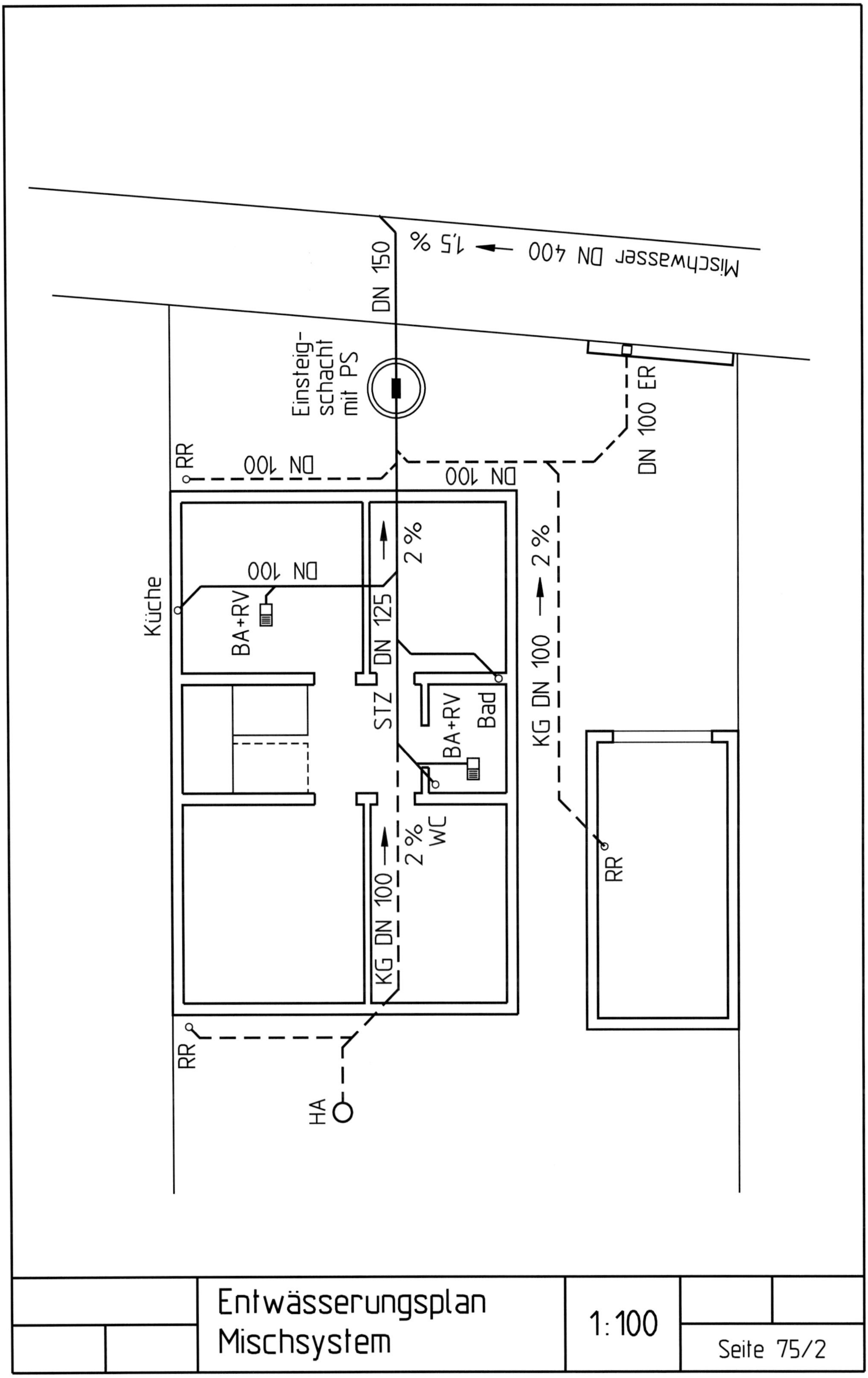
Mischwasser DN 400 1,5 %
DN 150
Einsteig-
schacht
mit PS
DN 100 ER
RR
DN 100
DN 100
Küche
DN 100
BA+RV
2 %
DN 125
STZ
BA+RV
Bad
KG DN 100
2 %
2 %
WC
KG DN 100
RR
RR
HA
Entwässerungsplan
Mischsystem
1:100
Seite 75/2

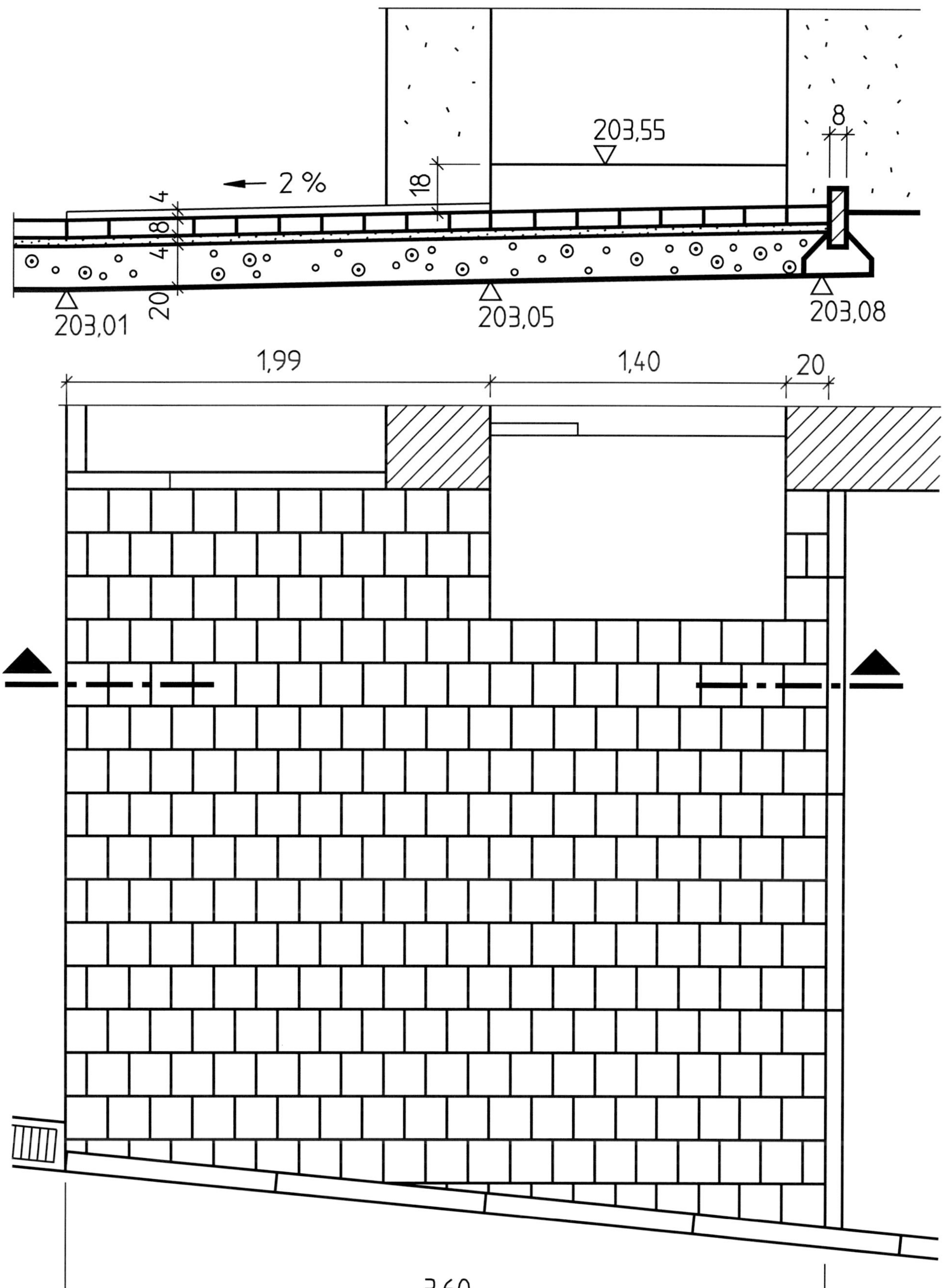

	Gehweg zum Hauseingang	1:25		
			Seite 80/1	

2. Höhenunterschied der Einfassungssteine

Länge des Gefälles 2,26 + 2 · 0,49 = 3,24 m

Höhenunterschied $h = \frac{324\text{ cm} \cdot 2\,\%}{100\,\%} = \mathbf{6{,}48\text{ cm}}$

3. Gefälle in der Garageneinfahrt

a) Höhenunterschied Garagenboden (Mitte) und Entwässerungsrinne 203,25 – 202,92 = 0,33 m

Länge der Einfahrt (Mitte) $\frac{(5{,}00 + 3{,}28) + 8{,}00}{2} = 8{,}14\text{ m}$; Gefälle: $p = \frac{0{,}33\text{ m} \cdot 100\,\%}{8{,}14\text{ m}} = \mathbf{4{,}1\,\%}$

b) Verhältniszahl: $n = \frac{8{,}14\text{ m}}{0{,}33\text{ m}} = 24{,}7$; Verhältnis ≈ **1:25**

c) Höhe an der Garage: $203{,}25 - 0{,}02 \cdot \frac{3{,}24}{2} = 203{,}22$ m ü. NHN

Höhe in 5 m Entfernung: $203{,}22 - \frac{4{,}1 \cdot 5{,}00}{100} = \mathbf{203{,}01}$ **m ü. NHN**

4. Garageneinfahrt, Materialbedarf an

a) Einfassungssteinen (1 m): 8,00 + 5,00 = 13,00 m, d. h. **13 Einfassungssteine**

b) Kiessand: Höhe des Kiessandes 20 cm

$V = 0{,}20 \cdot \frac{(5{,}00 + 3{,}28) + 8{,}00}{2} \cdot 3{,}24 = 5{,}27\text{ m}^3$

Verdichtung 15 %: $V = \frac{5{,}27\text{ m}^3 \cdot 115\,\%}{100\,\%} = \mathbf{6{,}06\text{ m}^3}$

c) Sand für Bettungen: Überhöhung 2 cm

$V = 0{,}06 \cdot \frac{(5{,}00 + 3{,}28) + 8{,}00}{2} \cdot 3{,}24 = \mathbf{1{,}58\text{ m}^3}$

d) Pflaster $A = \frac{(5{,}00 + 3{,}28) + 8{,}00}{2} \cdot 3{,}24 = 26{,}37\text{ m}^2$

Verlustzuschlag 5 %: $A = \frac{26{,}37\text{ m}^2 \cdot 105\,\%}{100\,\%} = \mathbf{27{,}69\text{ m}^2}$

5. Materialbedarf für den Weg zur Hauseingangstür (Aufgabe 1)

$A = \frac{3{,}50 + 3{,}20}{2} \cdot (1{,}50 + 0{,}49 + 1{,}40 + 0{,}20 + 0{,}08) - 0{,}60 \cdot 1{,}40 = 12{,}29 - 0{,}84 = 11{,}45\text{ m}^2$

Betonsteinpflaster ca. **12 m²**

Sand für Bettung ca. 0,12 m³ je cm Dicke; Kiessand für Bettung ca. 0,12 m³ je cm Dicke

Einfassungssteine auf dem Grundstück 3,60 + 1,50 = **5,10 m** (6 Stück)

Lernfeld 3: Mauern eines einschaligen Baukörpers

Mörtelmischungen

1. Mörtelausbeute und Mörtelfaktor

Ausgangsstoffe: 650 l + 160 l = 810 l

810 l ≙ 100 %
583 l ≙ x %

Mörtelausbeute $x = \frac{583\,l \cdot 100\,\%}{810\,l} = \mathbf{72\ \%}$

Mörtelfaktor: $\frac{810\,l}{583\,l} = \mathbf{1{,}39}$

2. Mörtelfaktor: 100 % / 65 % = **1,54**

3. Mörtel herstellen

2 Säcke Zement: $V = \frac{25\text{ kg}}{1{,}2\text{ kg / dm}^3} \cdot 2 = 47{,}1\ l$; Mörtel: $V = (120\ l + 47{,}1\ l) / 1{,}6 = \mathbf{101\ l}$

4. Tabelle ergänzen

a) Mörtelfaktor: $\frac{780\,l}{500\,l} = \mathbf{1{,}56}$; Mörtelausbeute: $\frac{500\,l \cdot 100\,\%}{780\,l} = \mathbf{64\ \%}$

b) Mörtel: $V = 540\ l / 1{,}4 = \mathbf{386\ l}$; Mörtelausbeute: $\frac{386\,l \cdot 100\,\%}{540\,l} = \mathbf{71{,}5\ \%}$

c) Ausgangsstoffe: $V = \frac{200\,l \cdot 100\,\%}{65\,\%} = \mathbf{308\ l}$; Mörtelfaktor: $\frac{308\,l}{200\,l} = \mathbf{1{,}54}$

5. Sand- und Bindemittelbedarf; MV 1:4, d. h. 5 RT

a) Zement 1 RT: $V = 250\ l / 5 \cdot 1{,}6 = \mathbf{80\ l}$; Sand 4 RT: $V = 50\ l \cdot 4 \cdot 1{,}6 = \mathbf{320\ l}$

b) MV 1:1:6, d. h. 8 RT

Zement und Kalk je 1 RT: $V = 1{,}5\text{ m}^3 / 8 \cdot 1{,}6 = \mathbf{0{,}30\ m^3}$

Sand 6 RT: $V = 0{,}30\text{ m}^3 \cdot 6 = \mathbf{1{,}80\ m^3}$

c) MV 1:3,5 d. h. 4,5 RT

Kalk 1 RT: $V = 0{,}5\text{ m}^3 / 4{,}5 \cdot 1{,}6 = 0{,}178\text{ m}^3 = \mathbf{178\ l}$

Sand 3,5 RT: $V = 178\ l \cdot 3{,}5 = \mathbf{623\ l}$

6. **a)** 200 l / 20 l = **10** Säcke

b) 3500 l / 20 l = **175 Säcke**

c) 750 l / 60 l = **12,5 Säcke**

7. Kalkzementmörtel herstellen:

6 Säcke Zement: V = 6 · 20 l = 120 (1 RT)

Mörtel: V = (120 l + 120 l · 2 + 120 l · 8) / 1,6 = **825 l**

8. Zementmörtel herstellen

Zement 1 RT: V = 20 l · 6 = 120 l

Sand 3 RT: V = 120 l · 3,5 = 420 l

Summe der RT: 540 l

Mörtel: V = 540 l / 1,6 = **337,5 l**

9. Mörtelart und Mörtelfaktor bestimmen

Kalkzementmörtel, Mörtelgruppe II a

Summe der Ausgangsstoffe: 236 l · 2 + 1400 l = 1872 l

Mörtelfaktor: 1872 l / 1200 l = **1,56**

10. Zementmörtel herstellen

a) (zu viel Sand): (40 l · 1 + 3 · 40 l) / 1,6 – **100 l**

b) (zu viel Zement): (500 l + 500 l / 4) / 1,6 = **390,6 l**

11. Kalkzementmörtel herstellen

a) (zu viel Sand): (30 l + 2 · 30 l + 8 · 30 l) / 1,6 = **206 l**

b) (zu viel Sand u. Zement): (70 l + 2 · 70 l + 10 · 70 l) / 1,6 = **569 l**

12. Kalkzementmörtelbestandteile für Außenwände

Trockenstoffe V = 1650 l · 1,6 = 2640 l

Kalkzementmörtel (Mörtelgruppe II) MV 2:1:8, d. h. Summe der Raumteile 11

Zement 1 RT: 2640 l / 11 = **240 l**

Kalk 2 RT: 240 l · 2 = **480 l**

Sand 8 RT: 240 l · 8 = **1920 l**

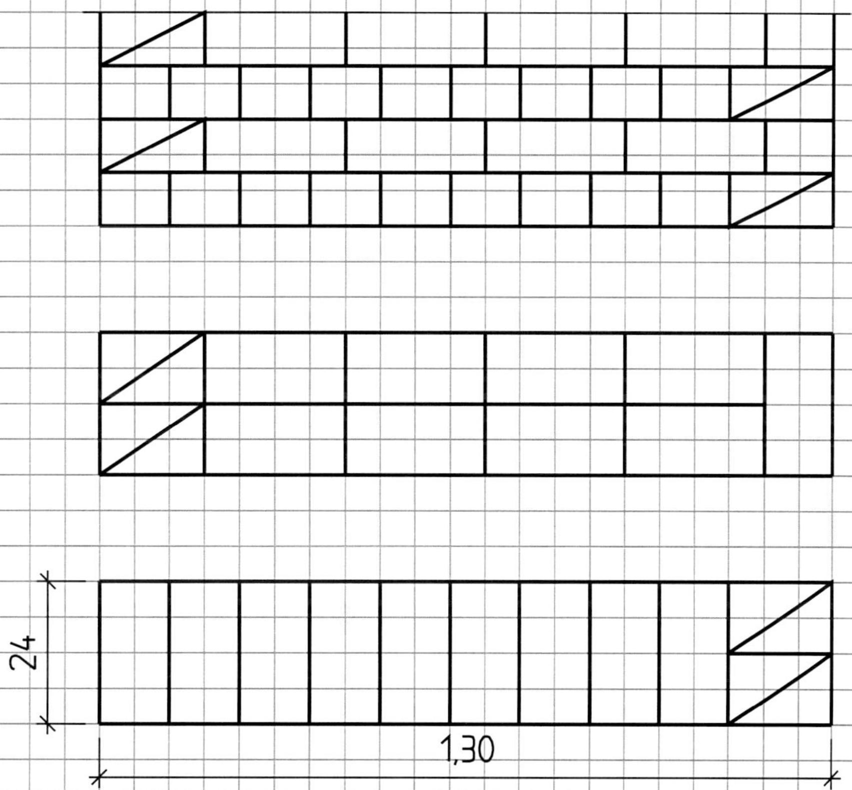

Umgeworfener Verband

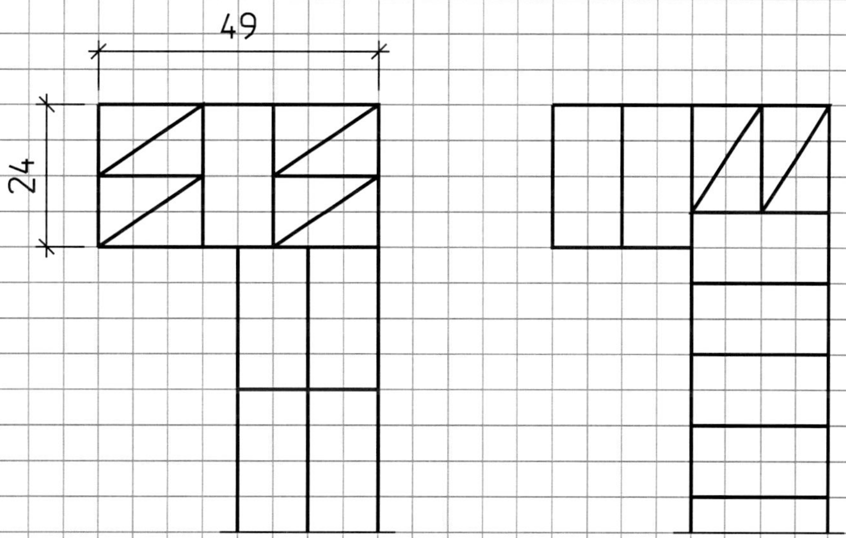

Mauerecke A_1, Garageneinfahrt

	24-er Mauer NF-Steine	1 am ≙ 1 cm		
			Seite 107 u. 110	

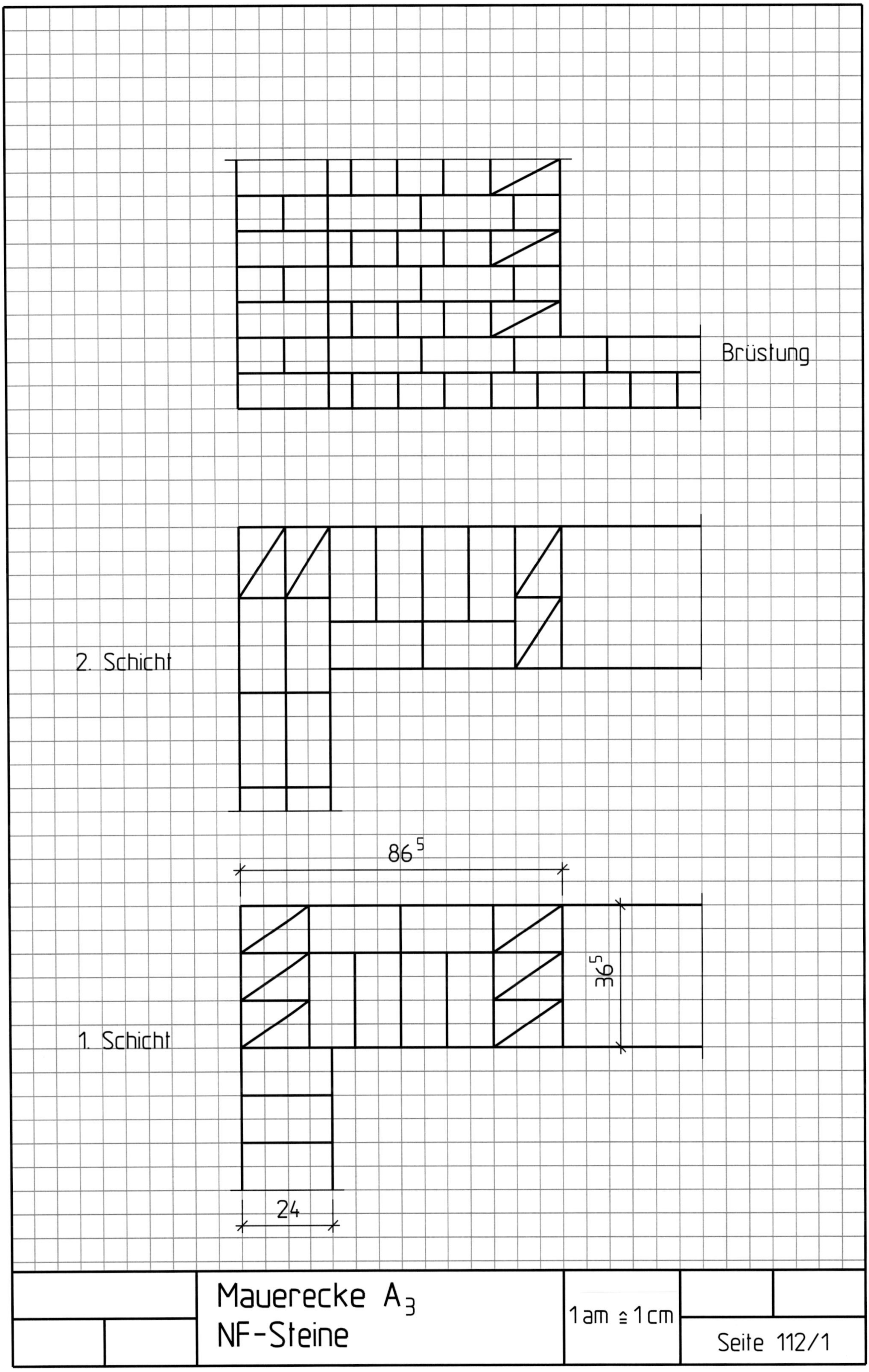

	Mauerecke A_3 NF-Steine	1 am ≙ 1 cm	Seite 112/1

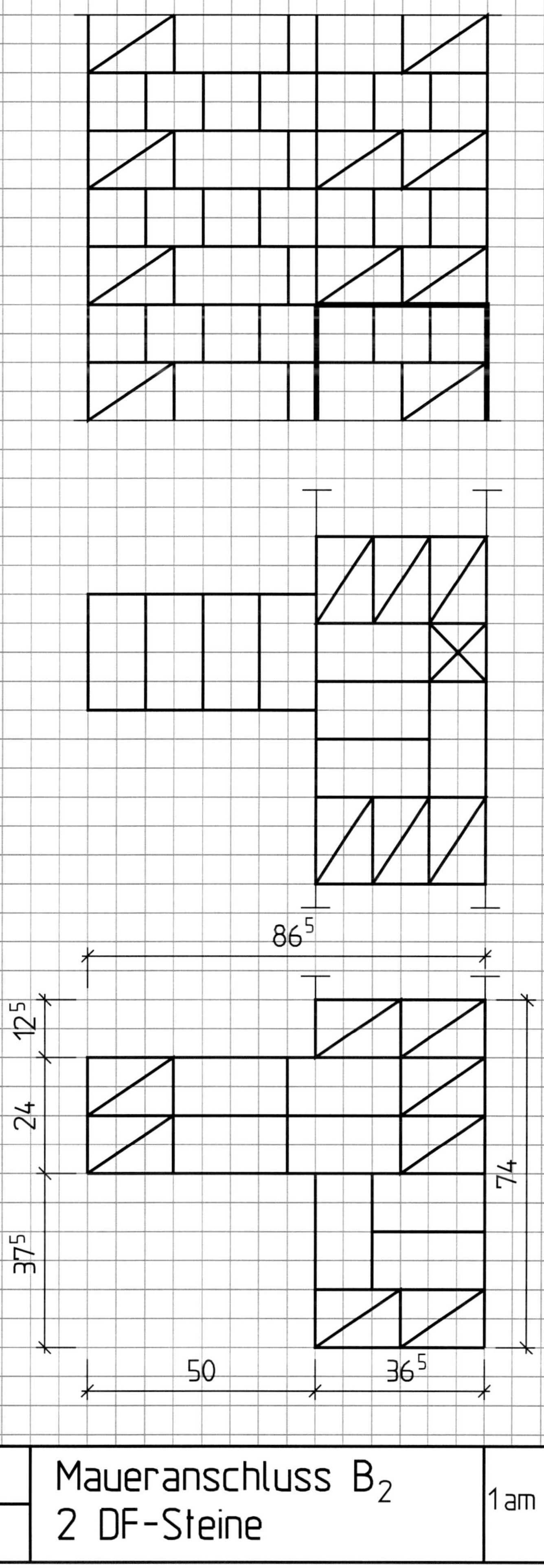

	Maueranschluss B_2 2 DF-Steine	1 am ≙ 1 cm	Seite 112/2

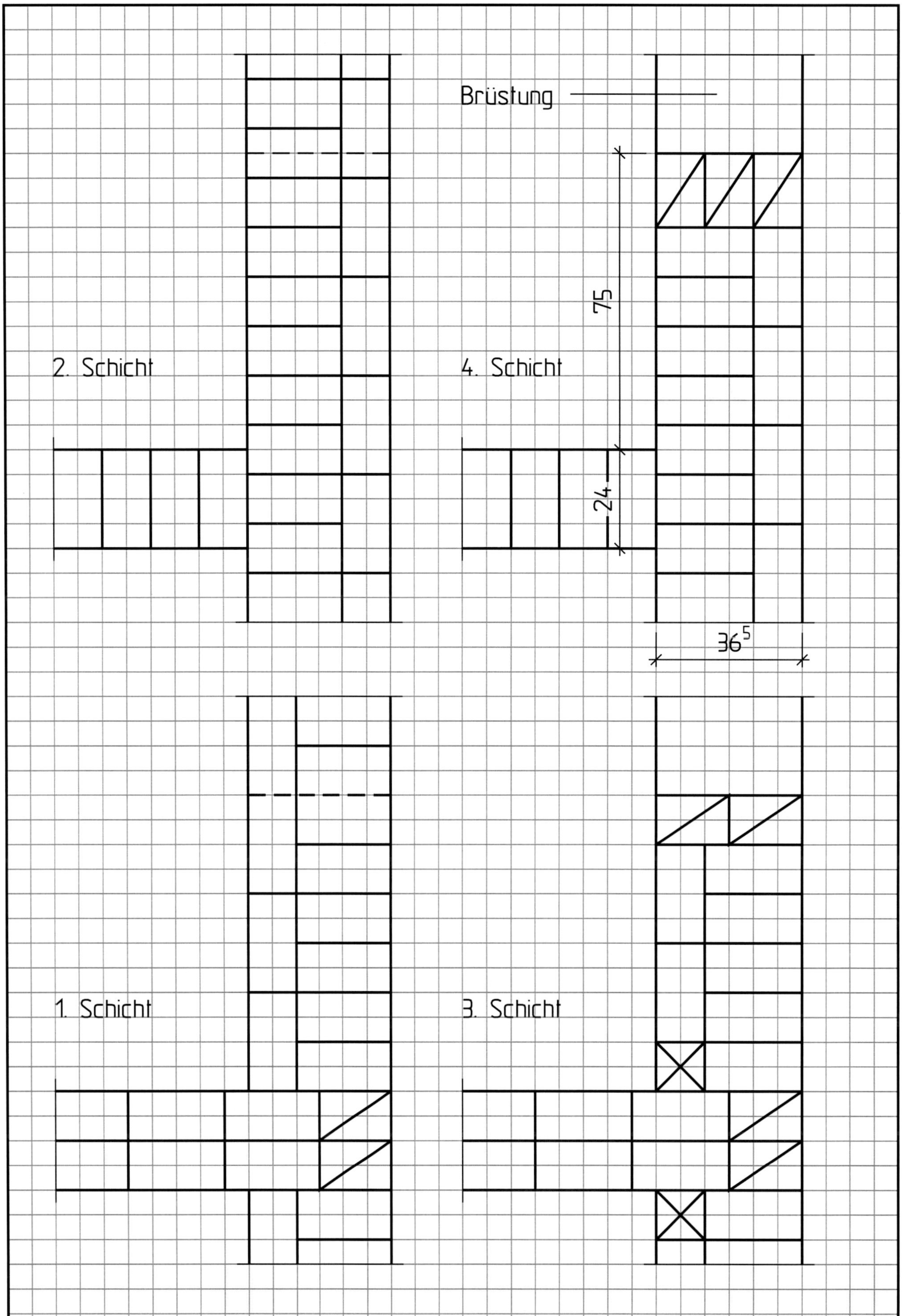

Maueranschluss C NF-Steine	1 am ≙ 1 cm			Seite 113/1+2

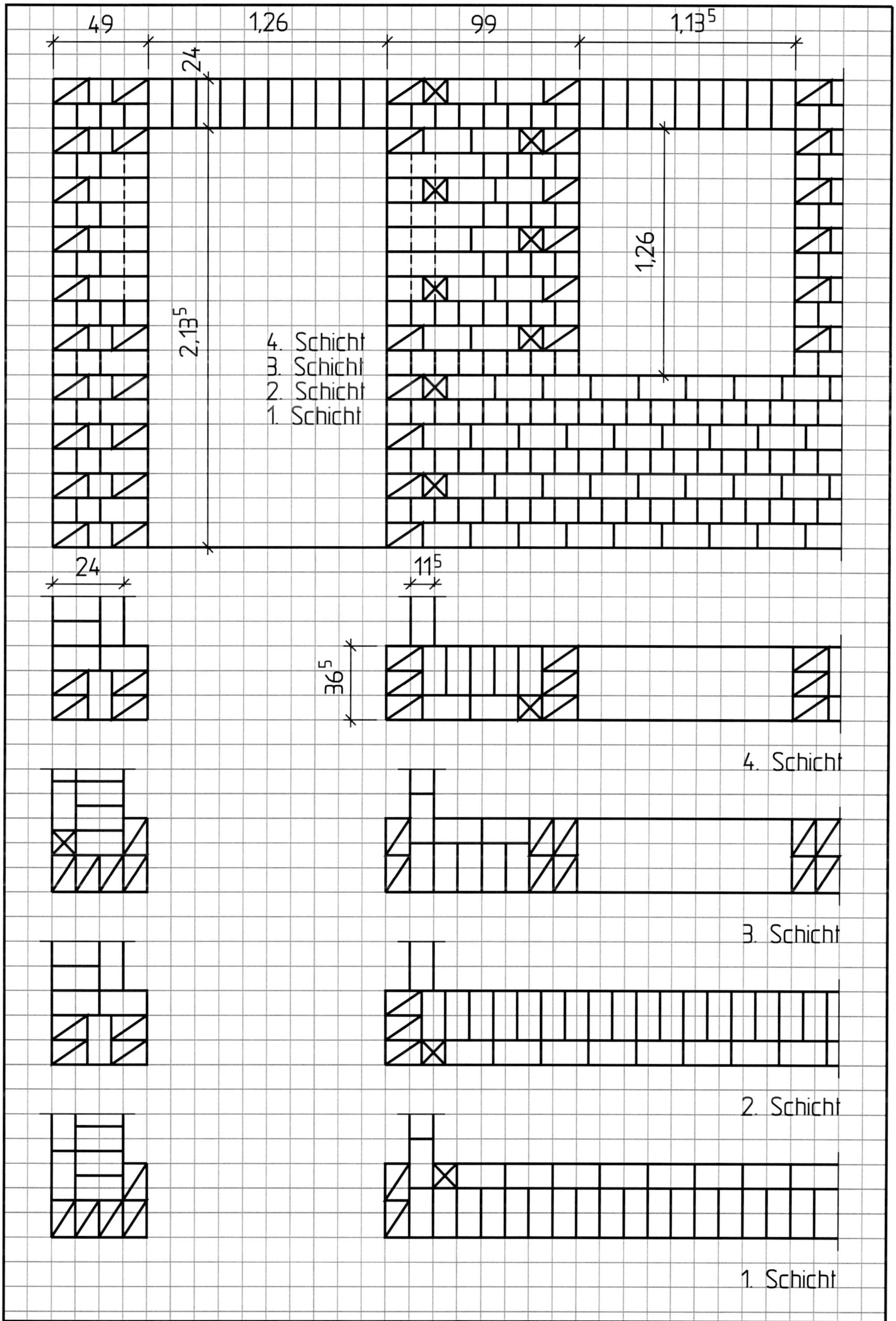

Kreuzverband Wand D
2 DF-Steine

1am ≙ 0,5cm

Seite 113/3

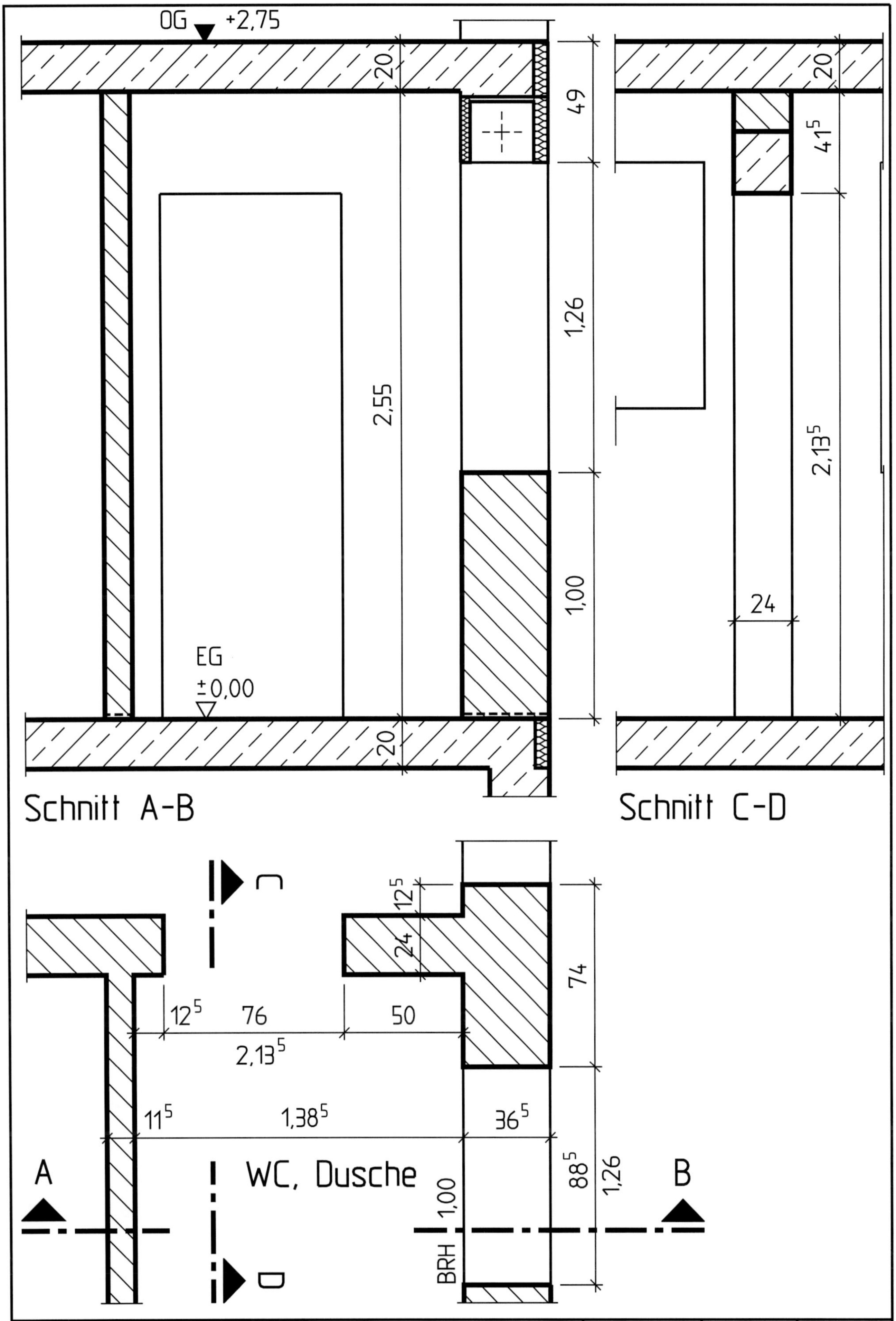

	Wandschnitte WC Erdgeschoss	1:20 m, cm		
			Seite 113/4	

Mauerverbände

1. Die gegebenen Werte werden jeweils multipliziert mit dem Steinverbrauch 50 Steine/m² bzw. dem Mörtelverbrauch 27 l/m². Daraus ergeben sich folgende Ergebnisse:

Mauerziegel	90	35	1 625	11 900	Stück
Mörtel	49	19	878	6 426	l

2. Werkstoffbedarf der Erdgeschosswände in 11,5er Mauerwerk, HLz 2 DF

$A = 2{,}55 \cdot (3{,}51 + 1{,}76 + 1{,}635 + 2{,}26) - 1{,}01 \cdot 2{,}135 - 2{,}135 \cdot 0{,}885 = 19{,}33\ \text{m}^2$

Nach Tabelle werden 33 $\frac{\text{Hochlochziegel}}{\text{m}^2}$ und 20 $\frac{\text{l Mörtel}}{\text{m}^2}$ benötigt.

$\text{Anzahl der HLz} = 19{,}33\ \text{m}^2 \cdot 33\ \frac{\text{Hochlochziegel}}{\text{m}^2} = \mathbf{638\ HLz}$

$\text{Mörtelbedarf} = 19{,}33\ \text{m}^2 \cdot 20\ \frac{\text{l Mörtel}}{\text{m}^2} = \mathbf{387\ l\ Mörtel}$

3. Giebelwand, Werkstoffbedarf, 24er Mauerwerk, HLz 3 DF

keine Abzüge

$A = 10{,}99 \cdot 2{,}75 \cdot 2 + \frac{10{,}99 \cdot 4{,}10}{2} = 82{,}98\ \text{m}^2$

Nach Tabelle werden 44 $\frac{\text{Hochlochziegel}}{\text{m}^2}$ und 50 $\frac{\text{l Mörtel}}{\text{m}^2}$ benötigt.

$\text{Anzahl der HLz} = 82{,}98\ \text{m}^2 \cdot 44\ \frac{\text{Hochlochziegel}}{\text{m}^2} = \mathbf{3\,652\ HLz}$

$\text{Mörtelbedarf} = 82{,}98\ \text{m}^2 \cdot 50\ \frac{\text{l Mörtel}}{\text{m}^2} = \mathbf{4\,149\ l\ Mörtel}$

4. Innenwände, Werkstoffbedarf, 24er Mauerwerk, HLz 3 DF

Als Innenwände werden die Trennwände angenommen, ohne Brandwand, aber mit UG-Wänden.

UG: $A = 2 \cdot 7{,}01 \cdot 2{,}30 - 4 \cdot 0{,}885 \cdot 2{,}135 =$ $24{,}69\ m^2$

EG: $A = 2 \cdot 7{,}01 \cdot 2{,}55 - 0{,}76 \cdot 2{,}135 - 2{,}26 \cdot 2{,}25 - 1{,}50 \cdot 2{,}135 =$ $25{,}84\ m^2$

OG: $A = 2 \cdot 7{,}01 \cdot 2{,}55 - 0{,}885 \cdot 2{,}135 - 1{,}385 \cdot 2{,}55 =$ $\underline{30{,}33\ m^2}$

Gesamt = $80{,}86\ m^2$

Nach Tabelle werden 44 $\frac{\text{Hochlochziegel}}{m^2}$ und 50 $\frac{\text{l Mörtel}}{m^2}$ benötigt.

Anzahl der HLz = $80{,}86\ m^2 \cdot 44\ \frac{\text{Hochlochziegel}}{m^2}$ = **3 558 HLz**

Mörtelbedarf = $80{,}86\ m^2 \cdot 50\ \frac{\text{l Mörtel}}{m^2}$ = **4 043 l Mörtel**

5. Innenwände des Untergeschosses

a) $A = 2{,}30 \cdot (3{,}635 + 2{,}26 + 4{,}135) - 0{,}885 \cdot 2{,}135 = 21{,}18\ m^2$

Nach Tabelle werden 33 $\frac{\text{KS – Vollsteine}}{m^2}$ und 20 $\frac{\text{l Mörtel}}{m^2}$ benötigt.

Anzahl KS = $21{,}18\ m^2 \cdot 33\ \frac{\text{KS}}{m^2}$ = <u>699 Kalksandvollsteine</u>

b) $A = 2{,}30 \cdot 7{,}02 \cdot 2 - (0{,}885 \cdot 2{,}135 \cdot 4) = 24{,}73\ m^2$

Nach Tabelle werden an 4 DF Steinen 26 $\frac{\text{KSL}}{m^2}$ und 40 $\frac{\text{l Mörtel}}{m^2}$ benötigt.

Anzahl der KSL = $24{,}73\ m^2 \cdot 26\ \frac{\text{KSL}}{m^2}$ = <u>643 Kalksandlochsteine</u>

c) Mörtelbedarf für 11,5er Wände = $21{,}18\ m^2 \cdot 20\ \frac{\text{l Mörtel}}{m^2}$ = 424 l Mörtel

Mörtelbedarf für 24er Wände = $24{,}73\ m^2 \cdot 40\ \frac{\text{l Mörtel}}{m^2}$ = <u>990 l Mörtel</u>

<u>**Gesamter Mörtelbedarf = 1 414 l Mörtel**</u>

6. Garage, 24er Mauerwerk, KLS 3 DF

$A = 2 \cdot (6{,}24 + 2{,}76) \cdot 2{,}26 - 1{,}01 \cdot 1{,}00 - 2{,}135 \cdot 2{,}26 = 34{,}84\ m^2$

Nach Tabelle werden 44 $\frac{\text{Hochlochziegel}}{m^2}$ und 50 $\frac{\text{l Mörtel}}{m^2}$ benötigt.

Anzahl der HLz = $34{,}84\ m^2 \cdot 44\ \frac{\text{Hochlochziegel}}{m^2}$ = **1 533 HLz**

Mörtelbedarf = $34{,}84\ m^2 \cdot 50\ \frac{\text{l Mörtel}}{m^2}$ = **1 742 l Mörtel**

Schnitt A-B

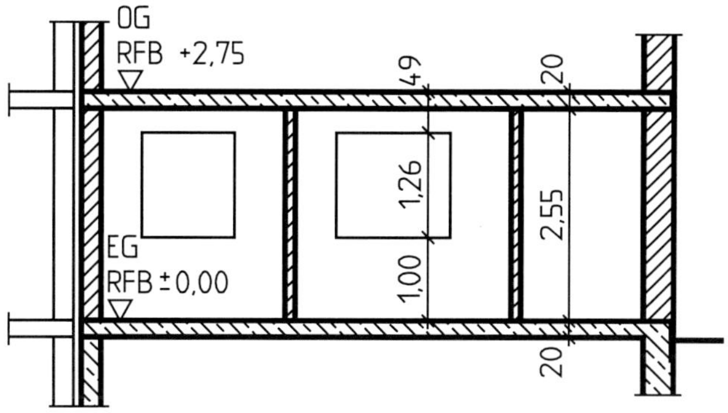

Grundriss

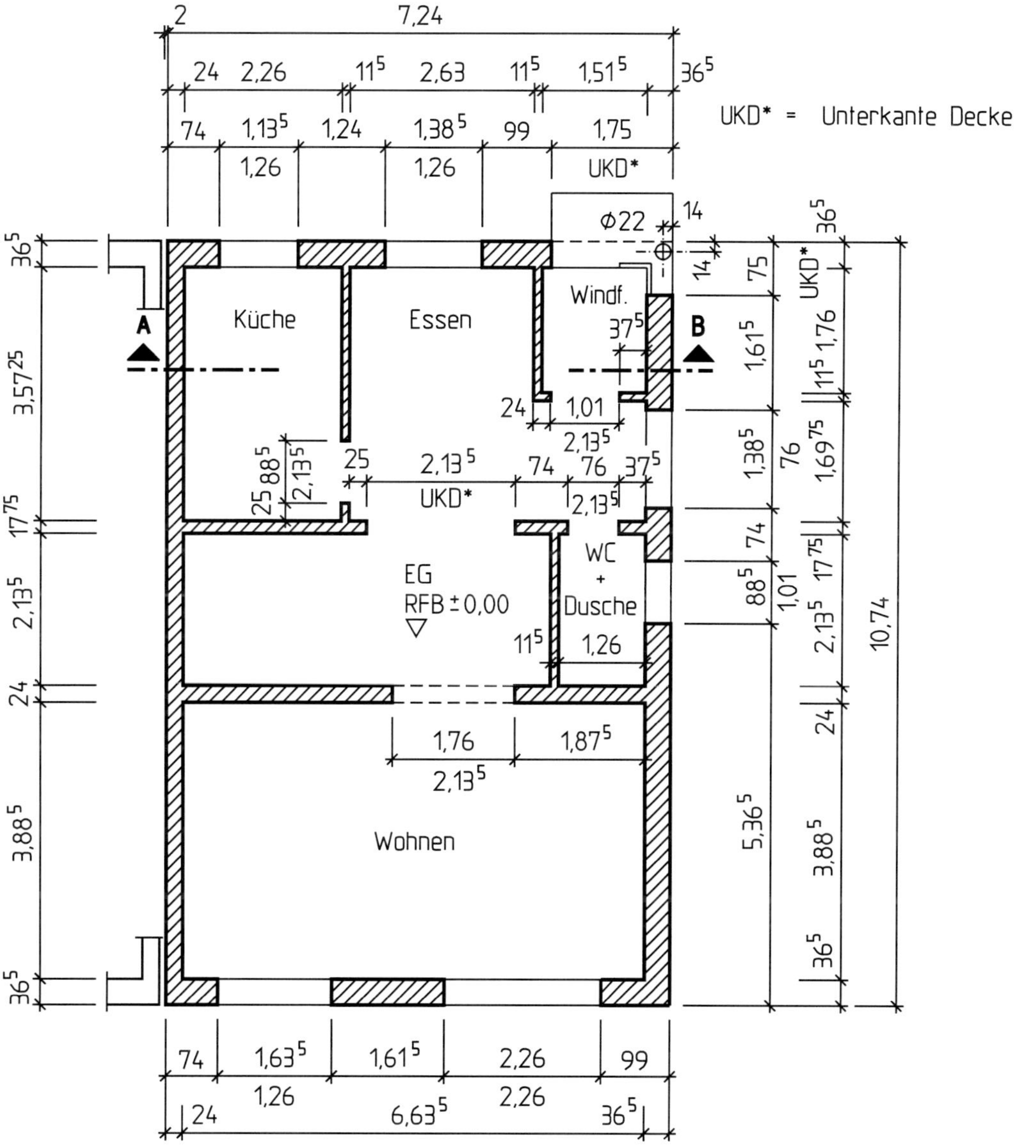

	Grundriss Erdgeschoss Schnitt A-B	1:100 m, cm		A4 Seite 120

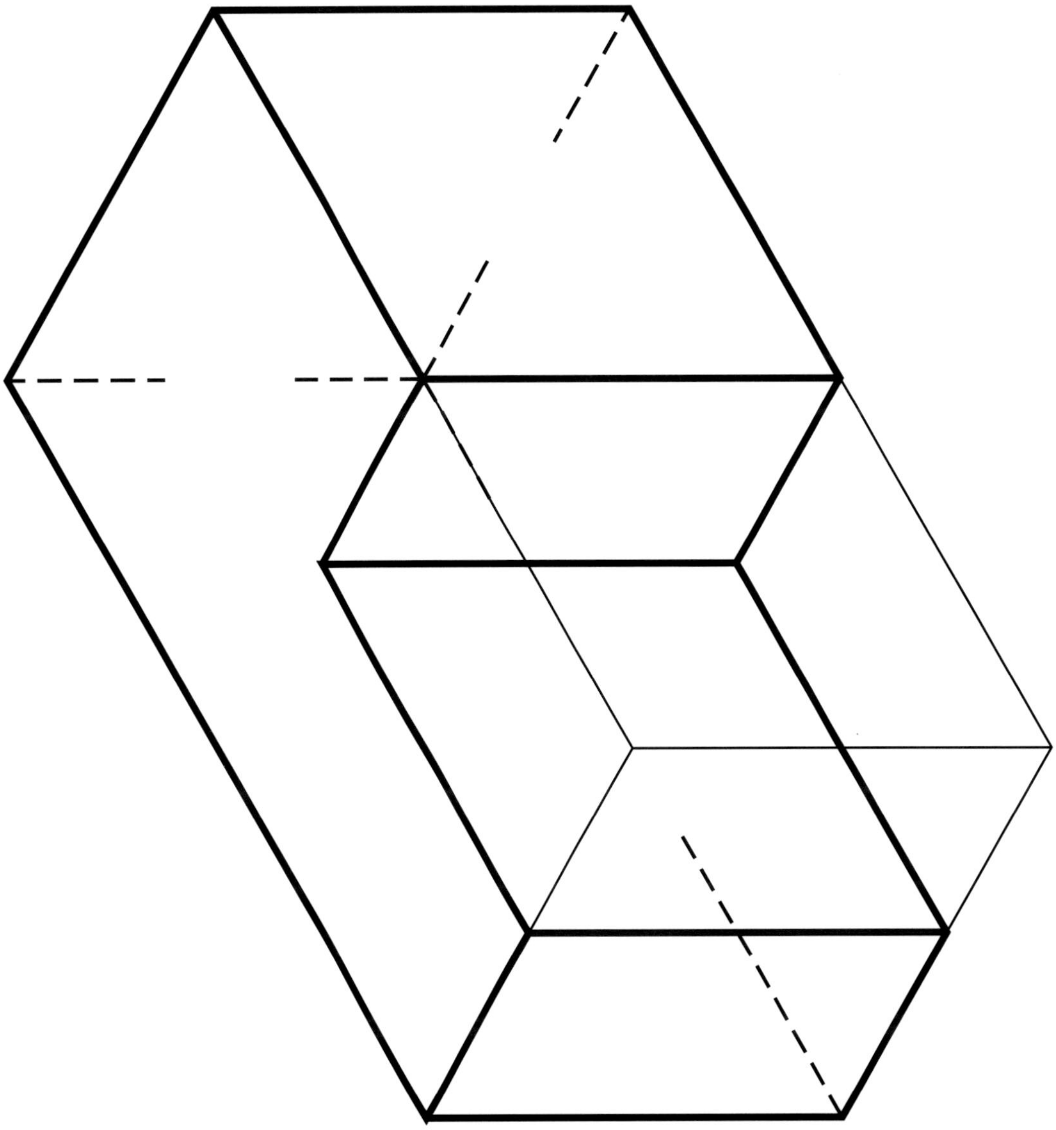

	Scherblatt	1:2 cm		Seite 124/1

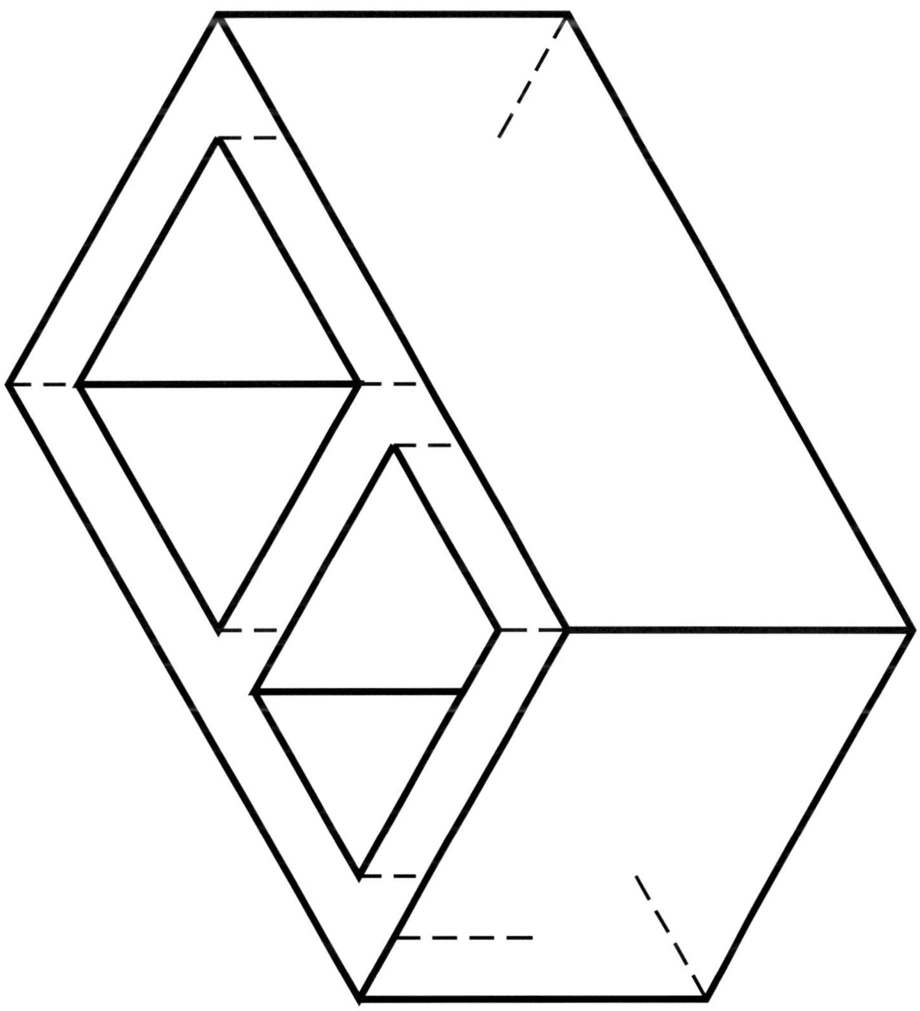

Formstein für Schornstein	1:10	m, cm	Seite 124/2

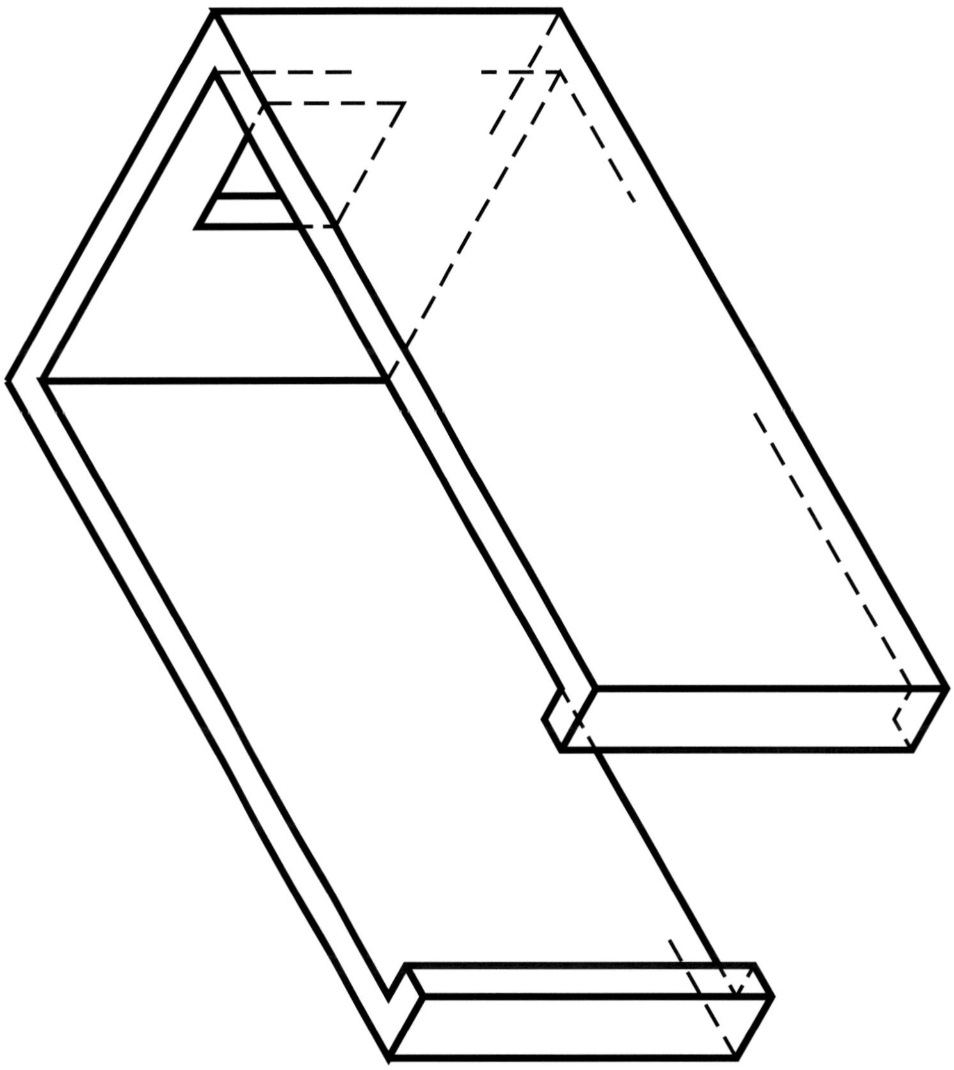

		Garage	1 : 100		
			m, cm	Seite 124/3	

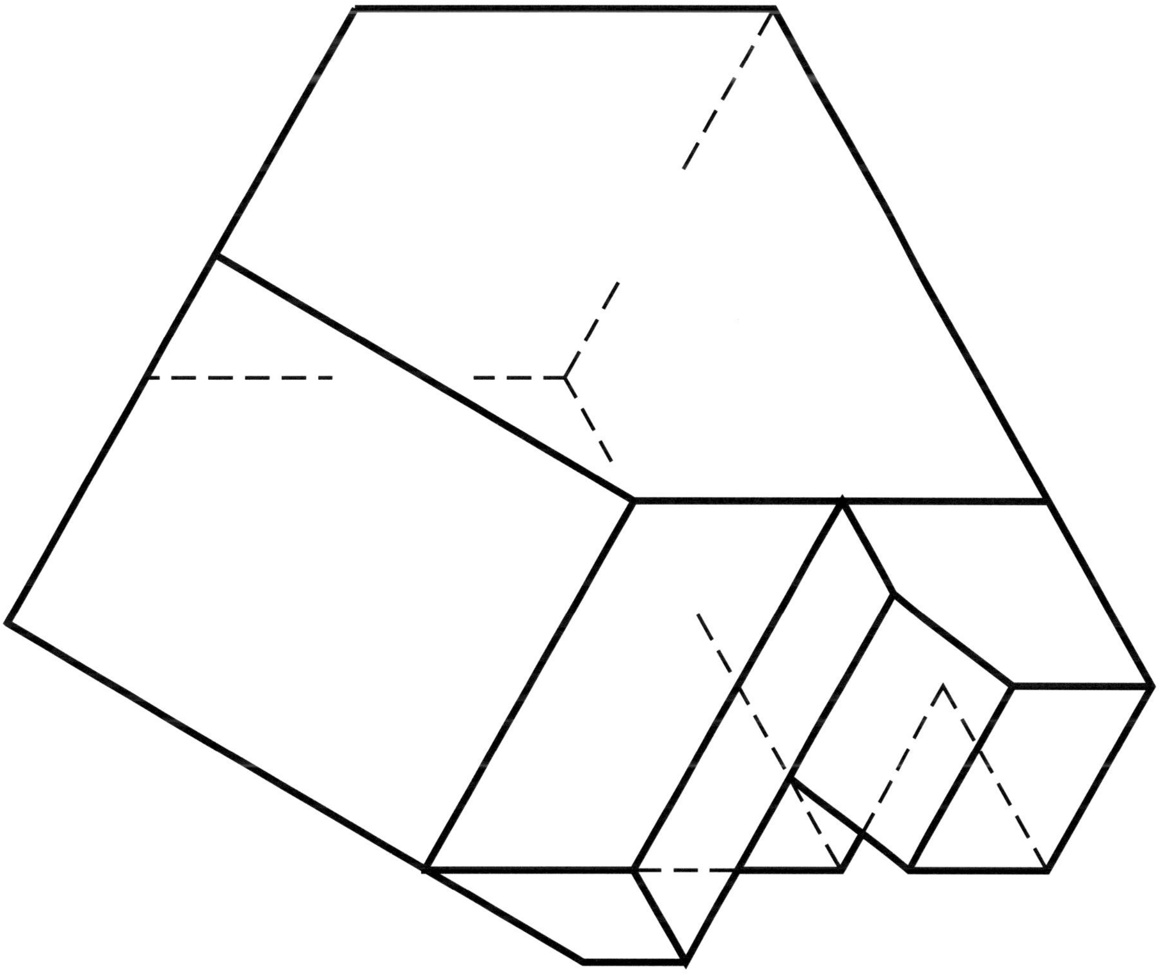

	Reihenhaus mit Satteldach	1 : 100 m, cm		
			Seite 124/4	

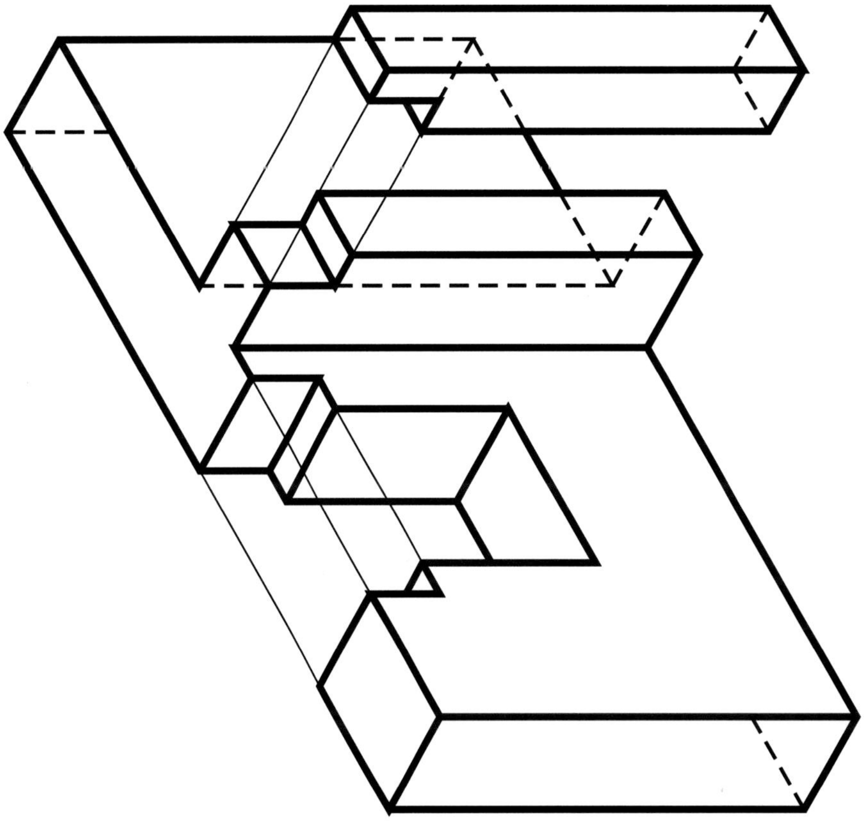

		Wandanschluss im Reihenhaus	1 : 100 m, cm		
				Seite 124/5	

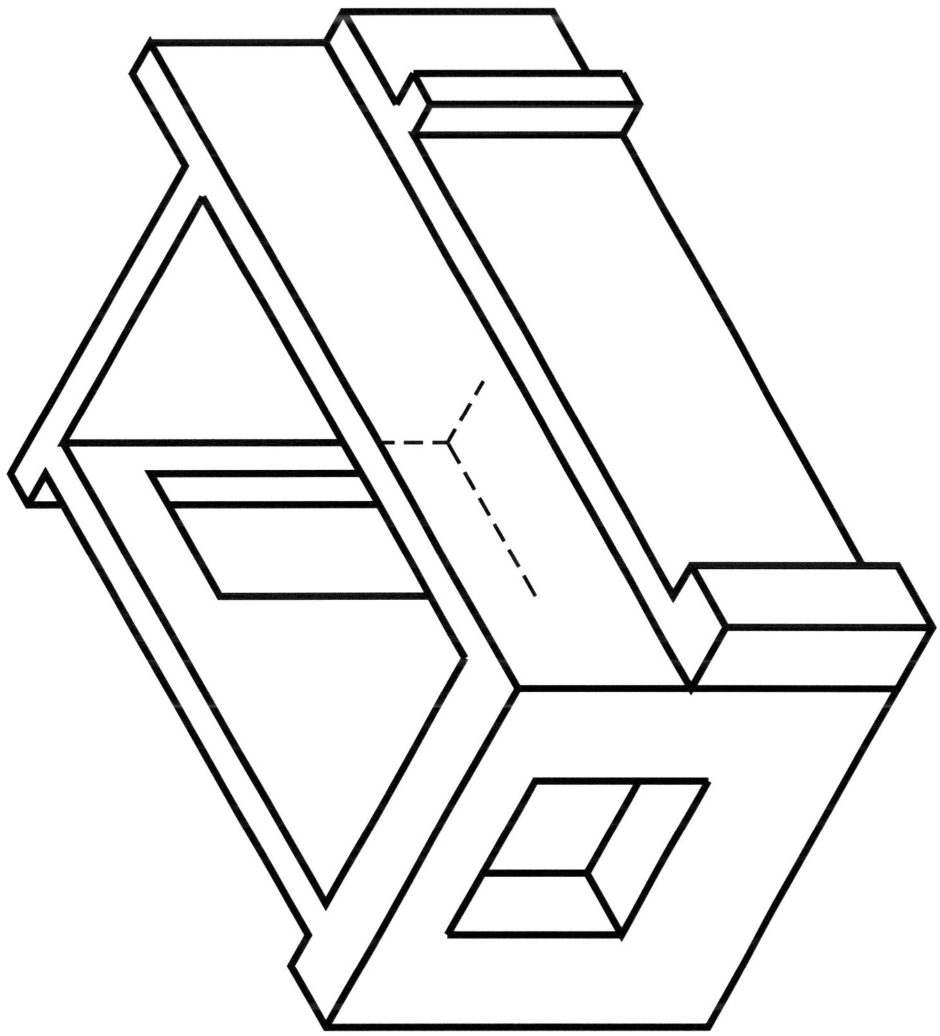

		Ausschnitt: Küche mit Haustrennwand	1 : 100 m, cm	Seite 124/6

Lernfeld 4: Herstellen eines Stahlbetonbauteils

Sieblinien

1. Sieblinienbereich (3)

2. Siebdurchgänge in %

Sieb (mm)	0,25	0,5	1	2	4	8	16	32
Rückstand (g)	4817	4220	3606	3059	2351	1353	0	0
Rückstand (%)	96,3	84,4	72,1	61,2	47	27,1	0	0
Durchgang (%)	3,7	15,6	27,9	38,8	53	72,9	100	100

3. Siebdurchgänge in %

Sieb (mm)	0,25	0,5	1	2	4	8	16	32
Rückstand (g)	4439	3811	3249	2761	2223	1522	703	0
Rückstand (%)	88,8	76,2	65	55,2	44,5	30,4	14,1	0
Durchgang (%)	11,2	23,8	35	44,8	55,5	69,6	85,9	100

4. Siebdurchgänge in %

Sieb (mm)	0,25	0,5	1	2	4	8	16	32
Rückstand (g)	4810	4666	4467	4151	3701	3049	1809	0
Rückstand (%)	96,2	93,3	89,3	83	74	61	36,2	0
Durchgang (%)	3,8	6,7	10,7	17	26	39	63,8	100

5. Diagramm aus Nr. 4

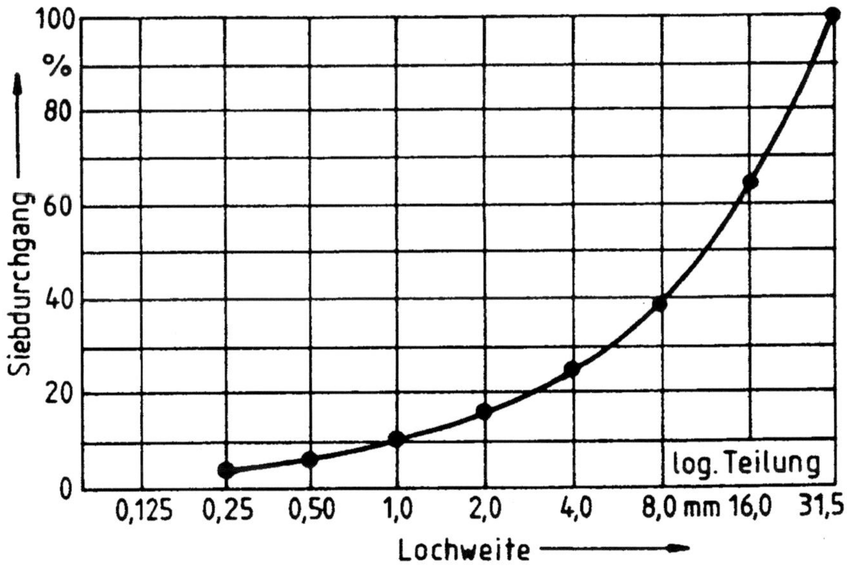

Betonmischungen

1. Bei Größtkorn < 32 mm

2. Bedarf an Zement, Gesteinskörnung und Wasser nach Tabelle:

	a)		b)		c)
Zement	210 kg/m³	Zement	300 kg/m³	Zement	140 kg/m³
Gesteinskörnung	2005 kg/m³	Gesteinskörnung	1865 kg/m³	Gesteinskörnung	2150 kg/m³
Wasser	160 kg/m³	Wasser	185 kg/m³	Wasser	130 kg/m³

3. Bedarf an Zement, Gesteinskörnung und Wasser nach Tabelle:

Zement = $380\ kg/m^3 + 20\ \% = 456\ kg/m^3$

Gesteinskörnung = $1810\ kg/m^3$

Wasser = $180\ kg/m^3$

4. Nach Differenzbildung: bei steif 20 l, bei plastisch 20 l, bei weich 20 l

5. Streifenfundamente (Maße nach Fundamentplan 2.3.6 im Lehrbuch Seite 64)

Berechnung des Aushubs siehe Seite 2, Nr. 7 (Lösungsheft): $V = 10{,}00\ m^3$

Zement: $10{,}00\ m^3 \cdot 320\ kg/m^3 = 3200\ kg$ = **3,20 t**

Gesteinskörnung: $10{,}00\ m^3 \cdot 1915\ kg/m^3 = 19150\ kg$ = **19,15 t**

6. 10 Einzelfundamente

$$V = 1{,}1^2 \cdot 0{,}7 + \frac{0{,}20}{3} \cdot (1{,}1^2 + 0{,}4^2 + \sqrt{1{,}1^2 \cdot 0{,}4^2}) = 0{,}968\ m^3$$

$$V = 0{,}968\ m^3 \cdot 10 = 9{,}68\ m^3$$

Zement: $9{,}68\ m^3 \cdot 340\ kg/m^3 = 3291{,}2\ kg$ = **3,29 t**

Gesteinskörnung: $9{,}68\ m^3 \cdot 1895\ kg/m^3 = 18344\ kg$ = **18,344 t**

7. Fundament in C12/15

$$V = 0{,}6 \cdot (13{,}09 \cdot 9{,}39 - 5{,}22 \cdot (9{,}39 - 2 \cdot 0{,}45) - (4{,}25 + 3{,}89) \cdot 6{,}62) = 14{,}83\ m^3$$

Zement: $14{,}83\ m^3 \cdot 320\ kg/m^3 = 4746\ kg$ = **4,746 t**

Gesteinskörnung: $14{,}83\ m^3 \cdot 1915\ kg/m^3 = 28399\ kg$ = **28,399 t**

Bewehrungsplan und Stahlliste

1. Bewehrung eines Stahlbetonunterzuges

	Pos.	Stück	ϕ mm	Einzel-länge m	Gesamtlänge m ϕ 6	ϕ 8	ϕ 25
	1	2	6	5,45	10,90		
	2	2	25	6,48			12,95
	3	2	25	5,45			10,90
	4	26	8	1,62		42,12	
a)	Gesamtlänge m				10,90	42,12	23,85
	Nennmasse kg/m				0,222	0,395	3,853
	Masse kg				2,42	16,64	91,89
b)	Gesamtmasse kg					**110,95**	

2. Sturzbewehrung (für Pos. 2: Aufbiegungsfaktor $\sqrt{2}$ = 1,414)

Pos. 1: 4 · 3,6 m · 0,888 kg/m = 12,79 kg

Pos.2: 2,05 m + 2 · (0,35 m + 0,3 m · 1,414) = 3,60 m

2 · 3,6 m · 0,888 kg/m = 6,39 kg

Pos. 3: Bügellänge: 2 · (0,25 + 0,32 + 0,05) m = 1,24 m

18 · 1,24 m · 0,222 kg/m = 4,96 kg

Gesamtmasse: **24,14 kg**

3. Stabstahl mit Aufbiegung

a) Stablänge: (4,25 + 0,12 + 0,2 : sin 30° - 0,2 : tan 30°) m = **4,42 m**

b) Gesamtmasse: 18 · 4,42 m · 2,47 kg/m = **196,5 kg**

4. Alternative zu Stählen der Aufgabe 2

a) Pos. 1: gesamte Querschnittsfläche: $A = 4 \cdot 1{,}13\ \text{cm}^2 = 4{,}52\ \text{cm}^2$

Einzelfläche eines ϕ 10: 0,785 cm^2; **Stabanzahl**: 4,52 cm^2 : 0,785 cm^2 = **6**

Pos. 2: gesamte Querschnittsfläche: $A = 2 \cdot 1{,}13\ \text{cm}^2 = 2{,}26\ \text{cm}^2$

Stabanzahl: 2,26 cm^2 : 0,785 cm^2 = 2,9 d. h. **3** Stück

b) Nachweis der Sturzbreite: 2 · 2 cm + 2 · 0,6 cm + 5 · 2 cm + 6 · 1 cm = **21,2 cm**

Die vorhandene Breite ist somit ausreichend!

5. Stahlliste für einen Unterzug

Pos. 1: 2 · 3,45 m · 0,222 kg/m = 1,53 kg

Pos. 2: 2 · 4,21 m · 1,578 kg/m = 13,29 kg

Pos. 3: 2 · 3,45 m · 1,578 kg/m = 10,89 kg

Pos. 4: 17 · 1,56 m · 0,222 kg/m = 5,89 kg

Gesamtmasse: **31,60 kg**

Bewehrungsplan

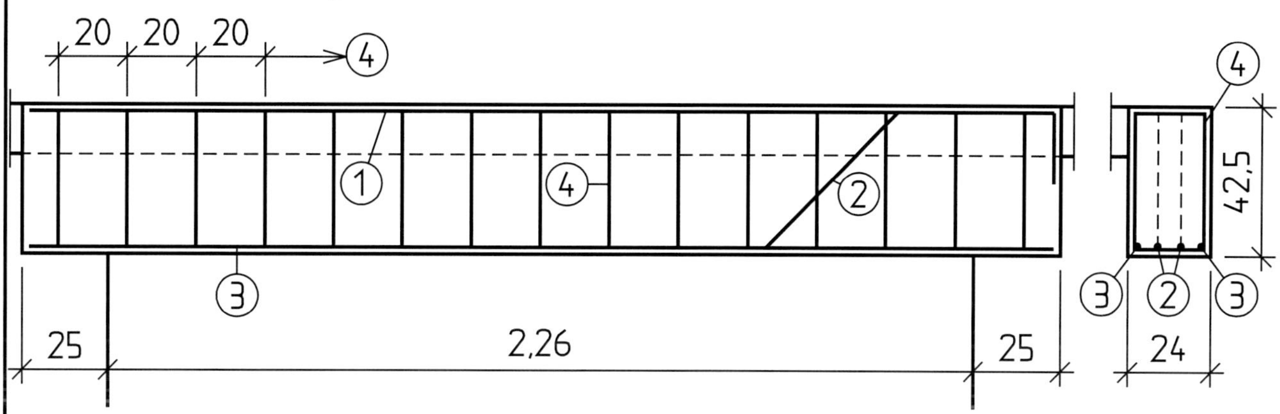

Stahlauszug

④ 15 ø6
l = 1,42
a = 20 cm

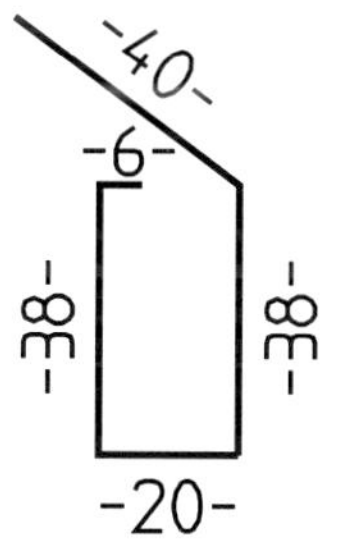

① 2 ø10 l = 2,72

② 2 ø14 l = 3,08

③ 2 ø14 l = 2,72

Stahlliste

Pos.	Stück	ø mm	Einzel-länge m	Gesamtlänge in m ø 6	ø 10	ø 14
1	2	10	2,72		5,44	
2	2	14	3,08			6,16
3	2	14	2,72			5,44
4	14	6	1,42	19,88		
Gesamtlänge			m	19,88	5,44	11,60
Nennmasse			kg/m	0,222	0,617	1,21
Masse			kg	4,41	3,36	14,04
Gesamtmasse Betonstabstahl B500B			kg	21,81		

Stahlbetonsturz Garagentor	1:20	Seite 154/6	

Schalungspläne

1. Schalungsbretter

a) Beispiel einer Kombinationsmöglichkeit

	Summe	Rest		Summe	Rest
1,88/1,82/0,80 m	4,50 m	–	2,96 m	2,96 m	0,54 m
3,0/1,50 m	4,50 m	–	1,95/0,95 m	2,89 m	0,61 m
2,12/2,32 m	4,44 m	0,06 m	2,04/1,36 m	3,40 m	0,10 m
2,20/2,12 m	4,32 m	0,18 m	1,24/1,76 m	3,00 m	0,50 m
2,60/0,80 m	3,40 m	0,10 m	0,80/0,84 m	1,64 m	1,86 m

Alle Bretter werden benötigt.

b) Verschnitt (Summe der Reste): **3,95 m**

c) **Keine** Bretter müssen nachgekauft werden.

2. Schalungszuschlag: $126\ m^2 - 109\ m^2 = 17\ m^2$

$109{,}0\ m^2 \triangleq 100\ \%$

$126{,}0\ m^2 \triangleq x\ \%$

$$x = \frac{17{,}0\ m^2 \cdot 100\ \%}{109{,}0\ m^2} = \mathbf{7{,}53\ \%}$$

3. Stützenschalung

a) Zu schalende Oberfläche

Schaft der Stütze (Zylinder) $0{,}3\ m \cdot 3{,}14 \cdot 3{,}50\ m =$ $3{,}30\ m^2$

Berechnung der Seitenlängen mithilfe des Satzes von Pythagoras.

unterer Teil des Pilzkopfes $s = \sqrt{(60\ cm)^2 + (40\ cm)^2} = 72{,}1\ cm$

$(1{,}10 + 0{,}3) : 2 \cdot 3{,}14 \cdot 0{,}721 = 1{,}59\ m^2$

oberer Teil des Pilzkopfes $s = \sqrt{(60\ cm)^2 + (55\ cm)^2} = 81{,}4\ cm$

$(1{,}1 + 2{,}2) : 2 \cdot 3{,}14 \cdot 0{,}814 =$ $4{,}22\ m^2$

Randleiste oben $0{,}1\ m \cdot 3{,}14 \cdot 2{,}60\ m =$ $0{,}82\ m^2$

Gesamtfläche $= 3{,}30\ m^2 + 1{,}59\ m^2 + 4{,}22\ m^2 + 0{,}82\ m^2 = 9{,}93\ m^2$

b) Schalung des Pilzkopfes

$(1{,}1 + 0{,}3) : 2 \cdot 3{,}14 / 0{,}04 =$ 55 Stück

$(1{,}1 + 2{,}2) : 2 \cdot 3{,}14 / 0{,}04 =$ 130 Stück

Gesamtzahl **185 Stück**

4. Deckenuntersicht: $r = 8{,}10 + 3{,}50 + 1{,}8 - 11{,}2 = 2{,}2$ m

Gesamtlänge: 13,40 m; Gesamtbreite: 8,3 m

$A = 13{,}40 \cdot 8{,}30 - 2{,}20^2 \cdot \pi : 4 - 2{,}40 \cdot 1{,}80 - 8{,}10 \cdot 1{,}20 = 93{,}38\ \text{m}^2$

$100\ \% \mathrel{\hat{=}} 93{,}38\ \text{m}^2$

$115\ \% \mathrel{\hat{=}} \text{x m}^2$

$$\text{x} = \frac{93{,}38\ \text{m}^2 \cdot 115\ \%}{100\ \%} = \mathbf{107{,}39\ m^2}$$

5. Rundholzverwertung zu Kanthölzern (*d* entnommen Nr. 6)

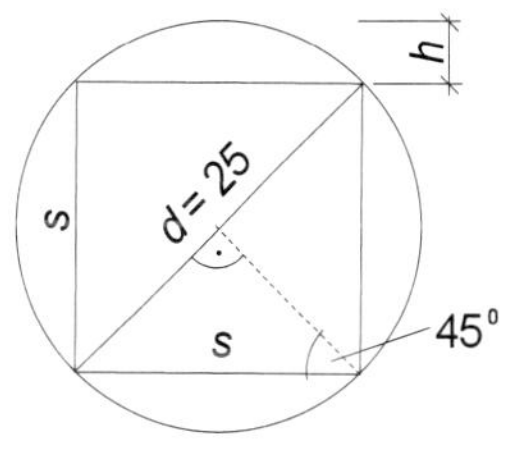

Sehnenlänge: $d^2 = s^2 + s^2 = 2 \cdot s^2$

daraus ergibt sich: $s = \dfrac{d}{\sqrt{2}} = \dfrac{25\ \text{cm}}{\sqrt{2}} = 17{,}68\ \text{cm}$

$h = (25\ \text{cm} - 17{,}68\ \text{cm})/2 = 3{,}66\ \text{cm}$

$$\text{Verschnitt exakt: } 12 \cdot 4 \left[\frac{(12{,}5\ \text{cm})^2 \cdot \pi \cdot 90°}{360°} - \frac{17{,}68\ \text{cm}\ (12{,}5\ \text{cm} - 3{,}66\ \text{cm})}{2}\right] = 2139{,}6\ \text{cm}^2$$

$\approx$ **2140 cm²**

Verschnitt angenähert: $4 \cdot {}^2/_3 \cdot 17{,}68\ \text{cm} \cdot 3{,}66\ \text{cm} \cdot 1{,}35 \cdot 12 = 2071\ \text{cm}^2$

$$\text{Prozentualer Unterschied: } \frac{2140\ \text{cm}^2 \cdot 100\ \%}{2071\ \text{cm}^2} = 103{,}3\ \%$$

Der Unterschied beträgt: **3,3 %**

6. Schalung einer Stahlbetonstütze

a) Schalungsleistenbedarf: $0{,}25\ \text{m} \cdot 3{,}14 \cdot 2{,}13\ \text{m} = \mathbf{1{,}67\ m^2}$

$0{,}25\ \text{m} \cdot 3{,}14 : 0{,}05\ \text{m} \approx$ **16 Leisten**

b) Bruttomenge bei 20 % Verschnittzuschlag

$100\ \% \mathrel{\hat{=}} 1{,}67\ \text{m}^2$

$120\ \% \mathrel{\hat{=}} \text{x m}^2$

$$\text{x} = \frac{1{,}67\ \text{m}^2 \cdot 120\ \%}{100\ \%} = \mathbf{2{,}00\ m^2}$$

7. Kragplatte am Hauseingang

Zeichnerische Lösungen s. Seite 38

Holzliste s. Seite 39

8. Kellerlichtschächte, Lösung der Zeichenaufgabe s. Seite 40

Rechnerischer Teil, Bedarf an Festbeton, Lichtschachtabmessungen:

Höhe: $(0{,}365 - 0{,}30) + 0{,}76 + 0{,}10 + 0{,}03 = 0{,}955$ m

Länge: $0{,}70 + 1{,}11 + 0{,}70 = 2{,}51$ m

Breite: 0,10 m

Festbeton für 5 Lichtschächte: $V = 2{,}51 \cdot 0{,}10 \cdot 0{,}955 \cdot 5 = \mathbf{1{,}199\ m^3}$

Schnitt

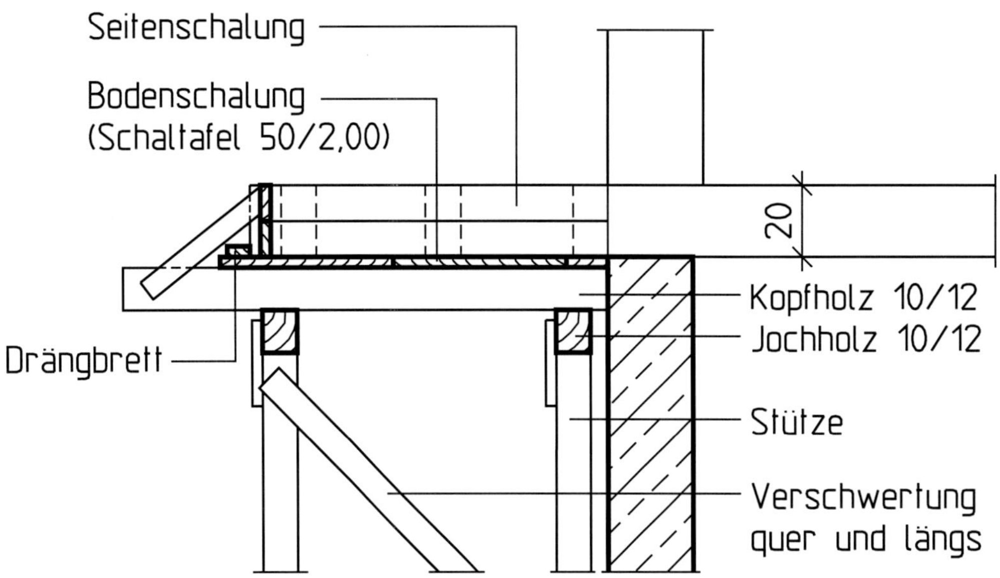

Draufsicht

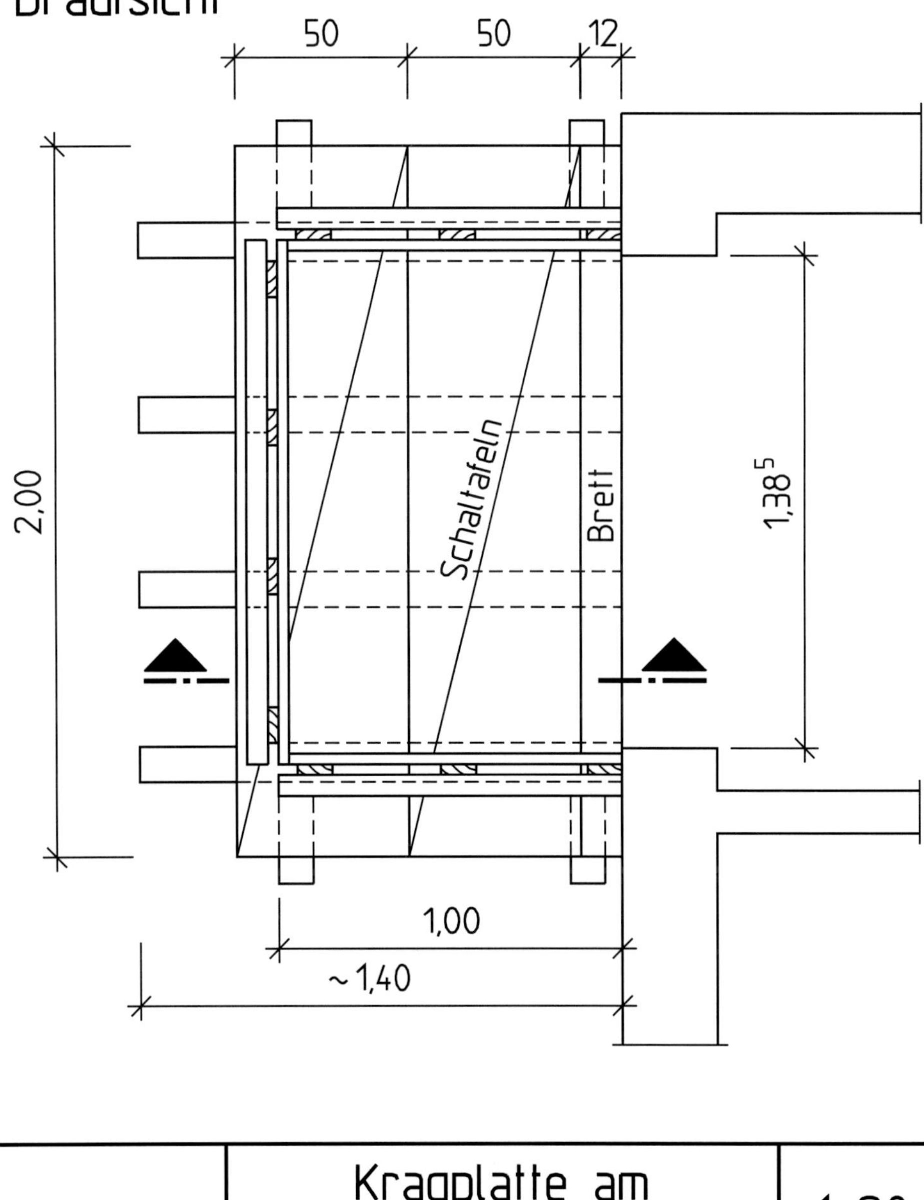

Kragplatte am Hauseingang

1:20

zu Seite 165/7

zu 7. Lösung des Zeichenteils, Kragplatte am Hauseingang, 1:20

Holzliste

Nr.	Bezeichnung	Stück	Quer - schnitt in cm	Längen in m einzeln	Längen in m gesamt	Netto-menge in m²	Brutto-menge in m²
1	Bretter für						
	1 Bodenplatte	10	2,4/10	1,385	13,850	1,385	1,590
	2 Seitenschilde	4	2,4/11,2	1,000	4,000	0,448	0,515
	1 Stirnschild	1	2,4/11,2	1,433	1,433	0,160	0,185
2	Laschen für						
	Bodenplatte	5	2,4/10	1,024	5,120	0,512	0,589
	2 Seitenschilde	8	2,4/10	0,224	1,792	0,179	0,206
	1 Stirnschild	8	2,4/10	0,224	1,792	0,179	0,206
3	Drängbretter für						
	Seitenschilde	2	2,4/10	1,048	2,096	0,210	0,242
	Stirnschild	1	2,4/10	1,500	1,500	0,150	0,173
				Gesamt	31,583	**3,223**	**3,706**

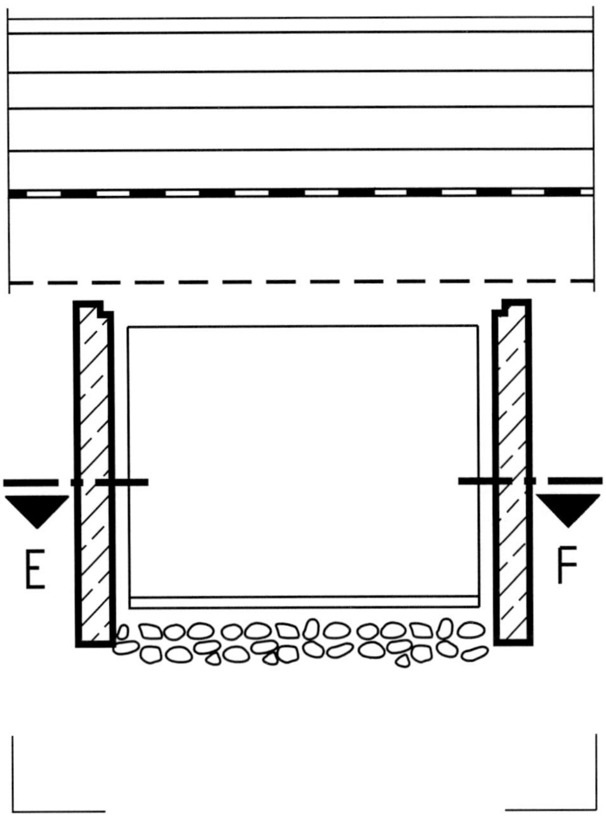

Schnitt A-B

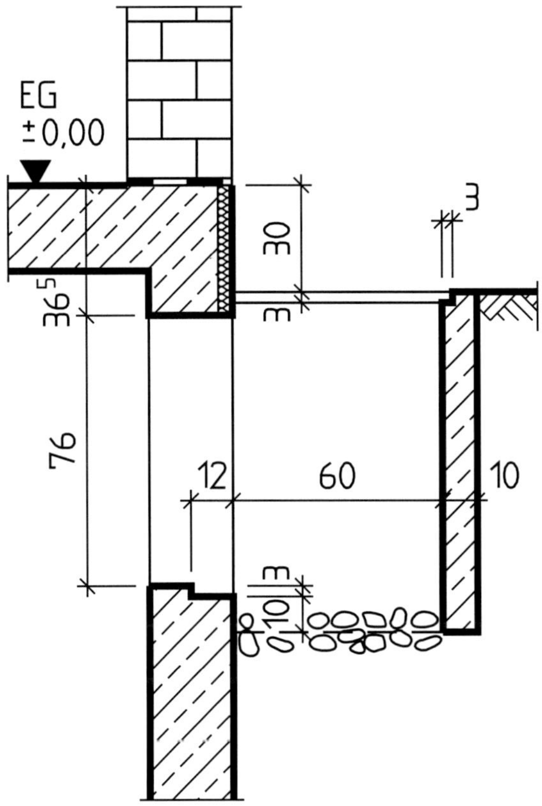

Schnitt C-D

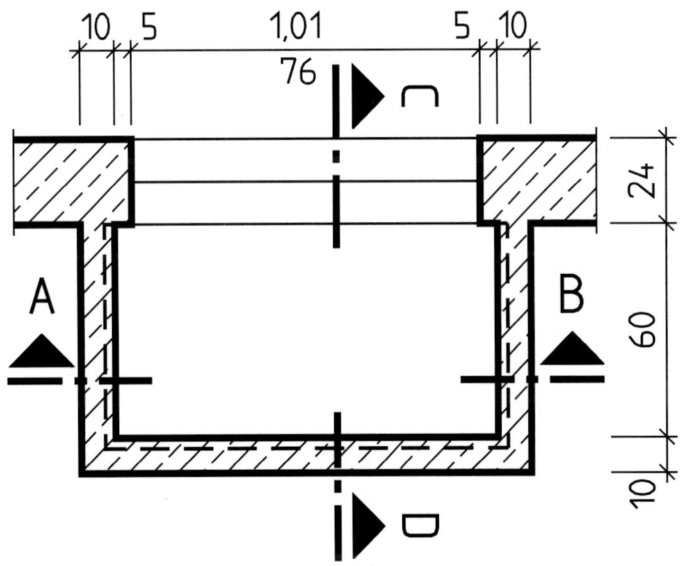

Schnitt E-F

	Lichtschacht	1:20		
			Seite 165/8	

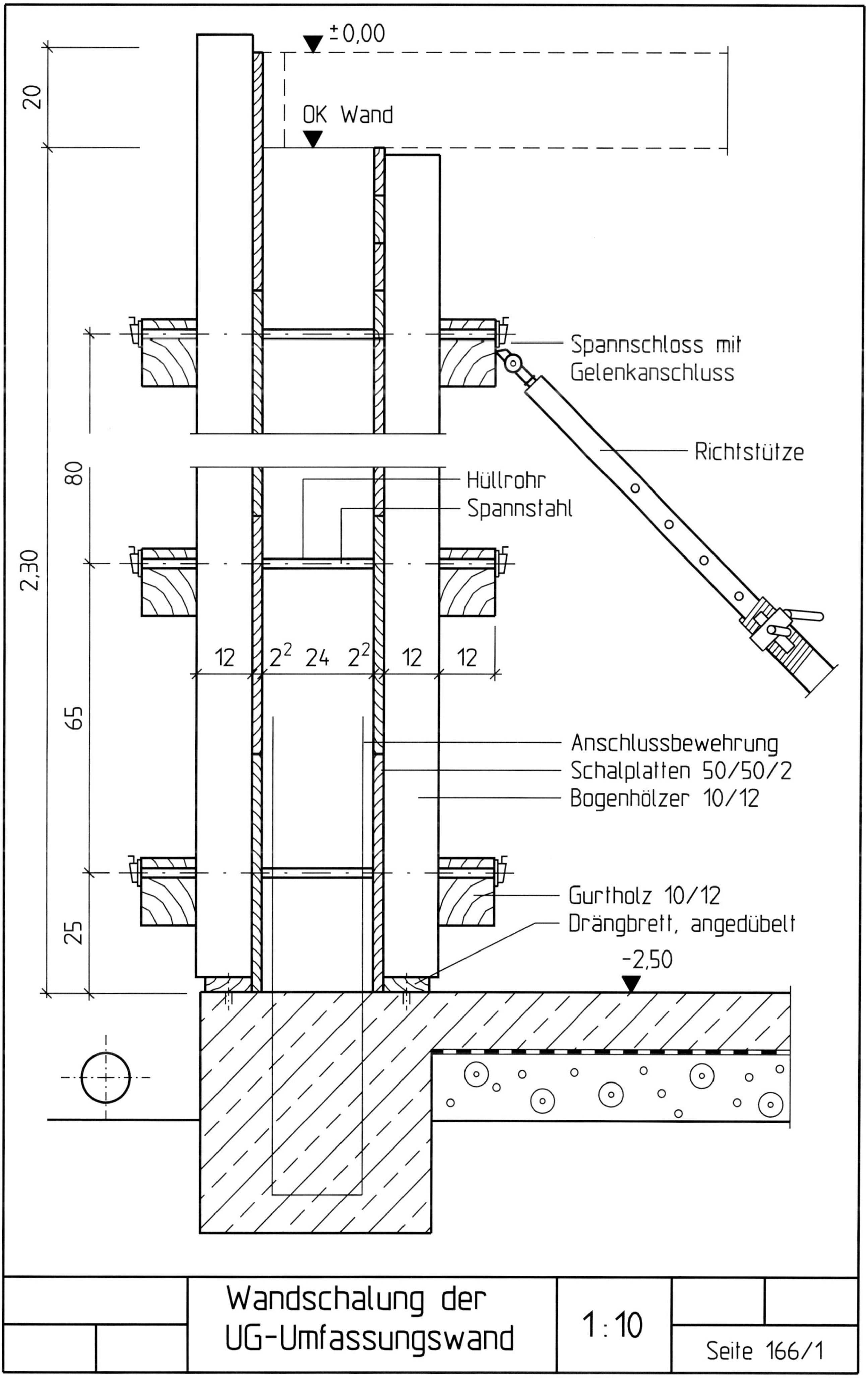

Wandschalung der UG-Umfassungswand

1 : 10

Seite 166/1

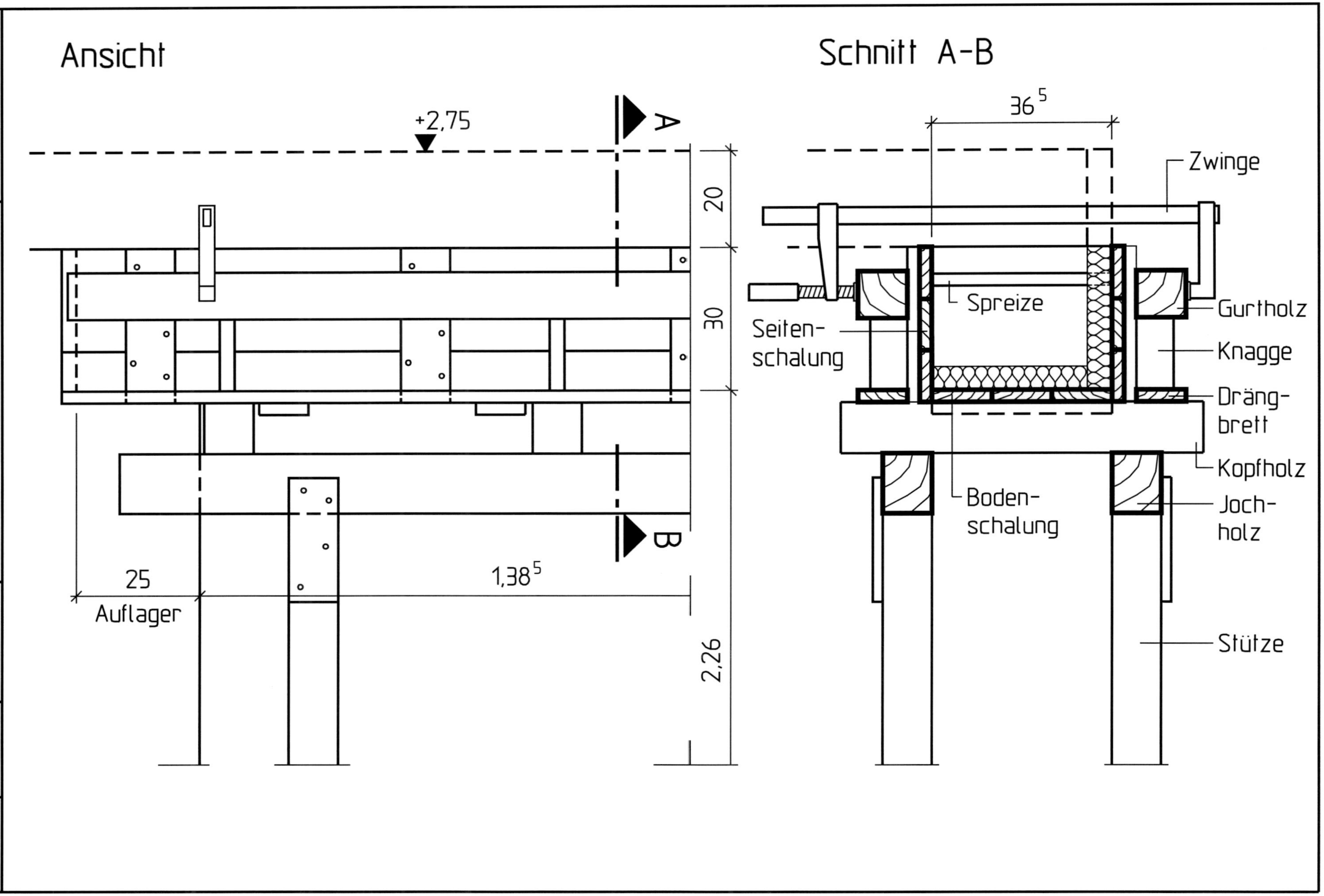

Sturzschalung des Hauseingangs

1 : 10

Seite 166/2

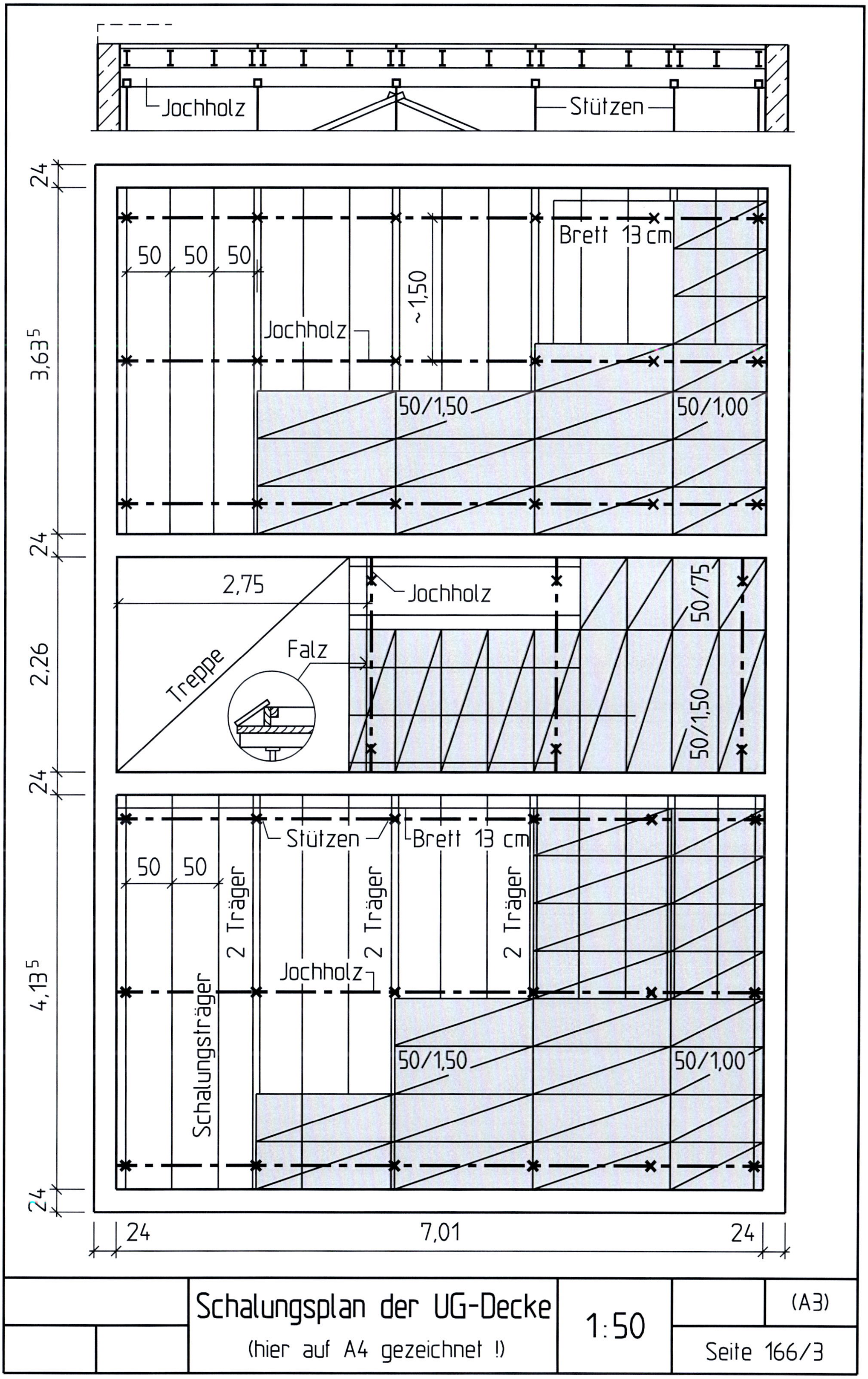
Jochholz
Stützen
24
3,63⁵
24
2,26
24
4,13⁵
24
50 50 50
~1,50
Jochholz
Brett 13 cm
50/1,50
50/1,00
2,75
Jochholz
Treppe
Falz
50/75
50/1,50
Stützen
Brett 13 cm
50 50
2 Träger
2 Träger
2 Träger
Jochholz
Schalungsträger
50/1,50
50/1,00
24
7,01
24
Schalungsplan der UG-Decke
(hier auf A4 gezeichnet !)
1:50
(A3)
Seite 166/3

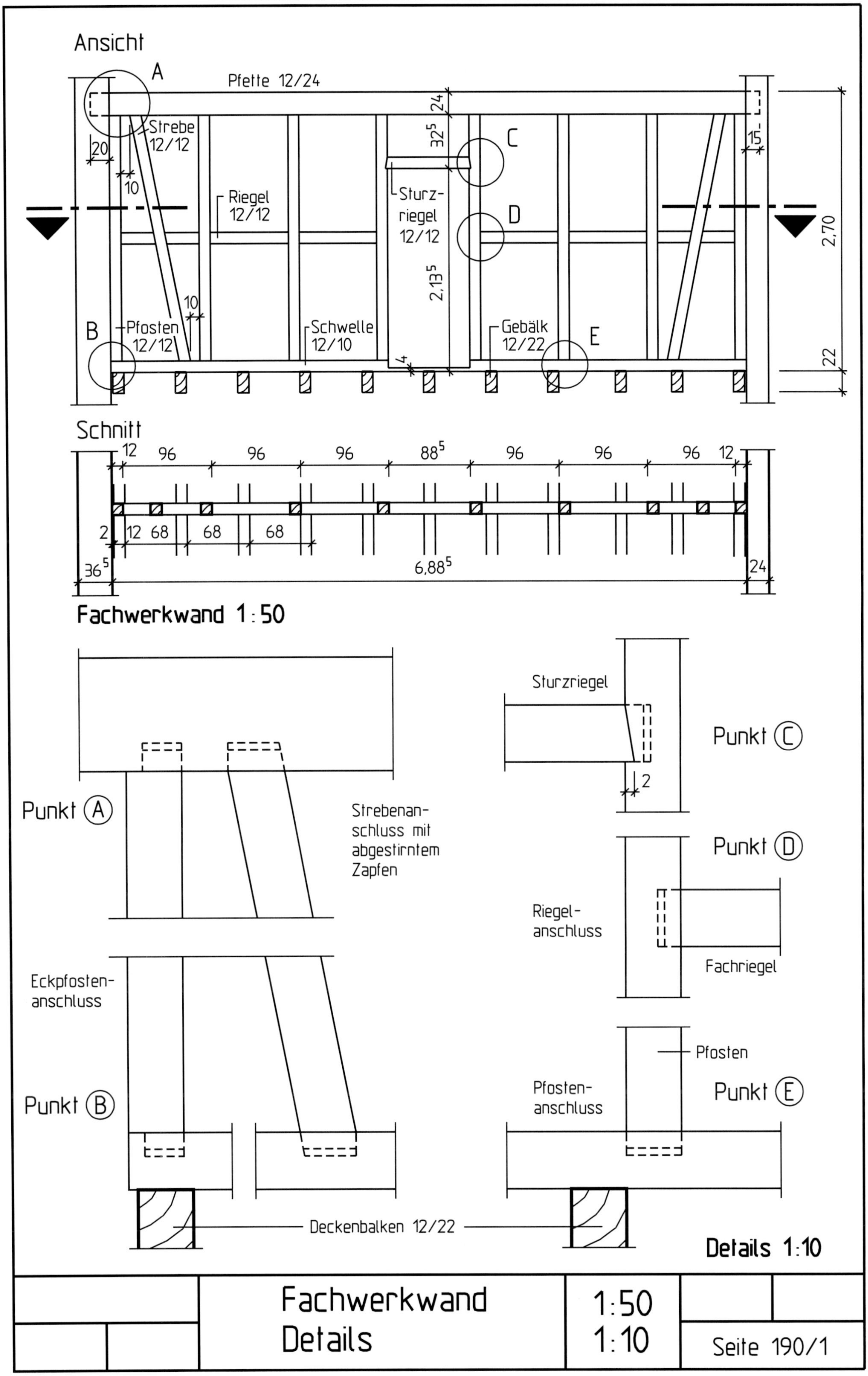
Ansicht
A
Pfette 12/24
24
Strebe 12/12
20
10
32^5
C
15
Riegel 12/12
Sturzriegel 12/12
D
2,70
$2,13^5$
10
B
Pfosten 12/12
Schwelle 12/10
Gebälk 12/22
E
4
22
Schnitt
12
96
96
96
88^5
96
96
96
12
2
12
68
68
68
36^5
$6,88^5$
24
Fachwerkwand 1:50
Sturzriegel
Punkt C
2
Punkt A
Strebenanschluss mit abgestirntem Zapfen
Punkt D
Riegelanschluss
Fachriegel
Eckpfostenanschluss
Pfosten
Punkt B
Pfostenanschluss
Punkt E
Deckenbalken 12/22
Details 1:10
Fachwerkwand
Details
1:50
1:10
Seite 190/1

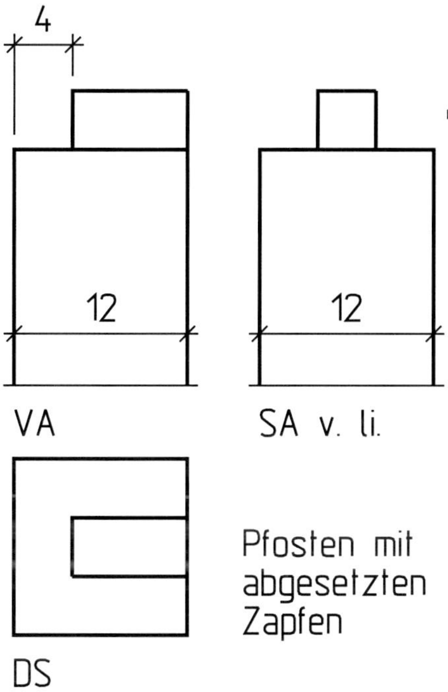

Pfosten mit abgesetzten Zapfen

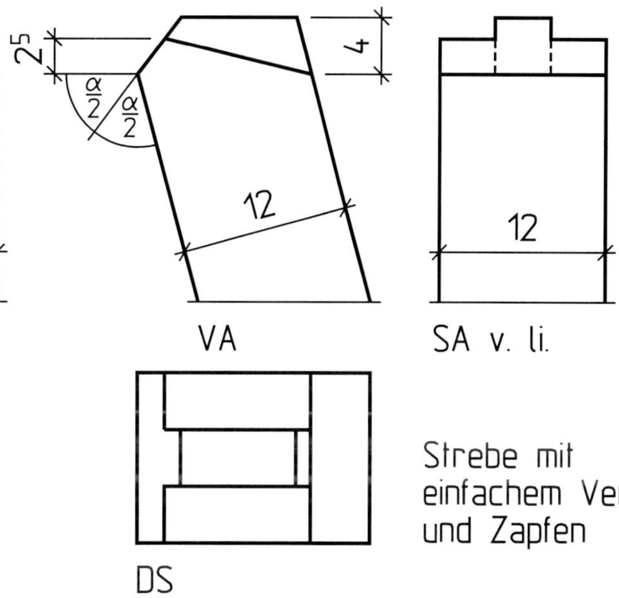

Strebe mit einfachem Versatz und Zapfen

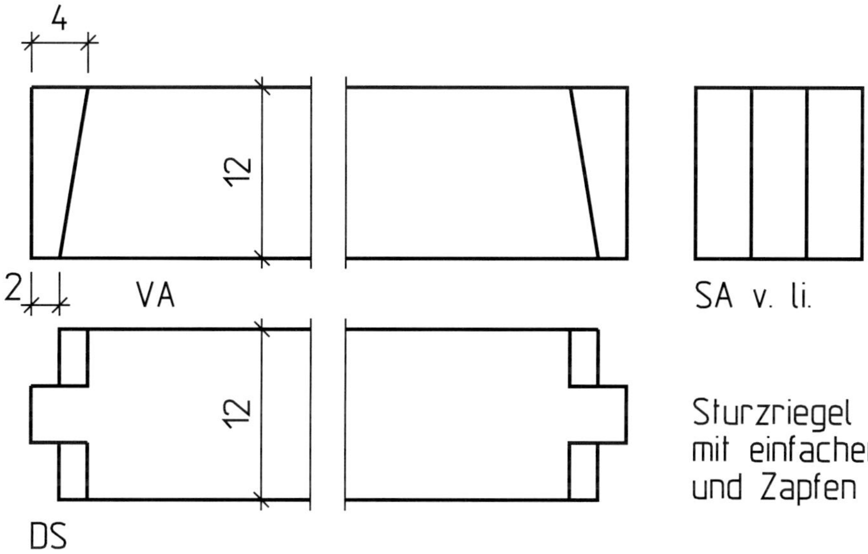

Sturzriegel mit einfachem Versatz und Zapfen

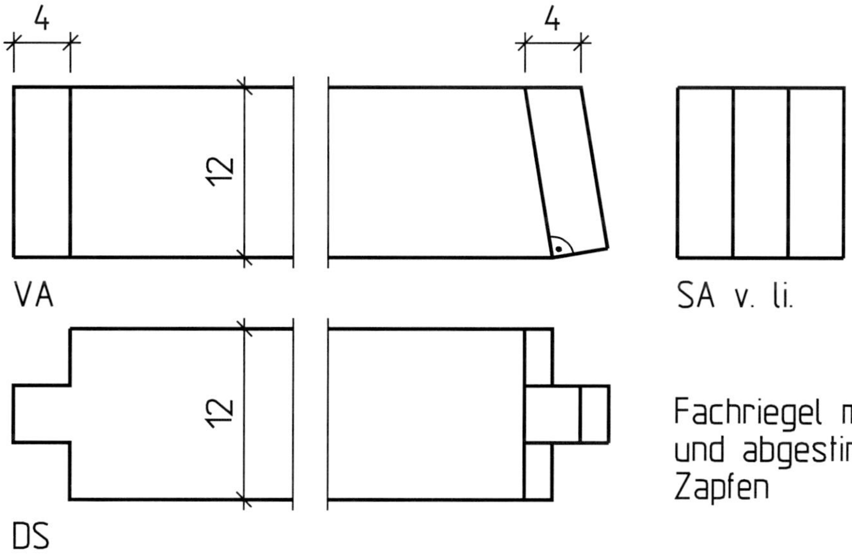

Fachriegel mit einfachem und abgestirntem Zapfen

Holzverbindungen der Fachwerkwand

1 : 5
m, cm

Seite 190/2.1

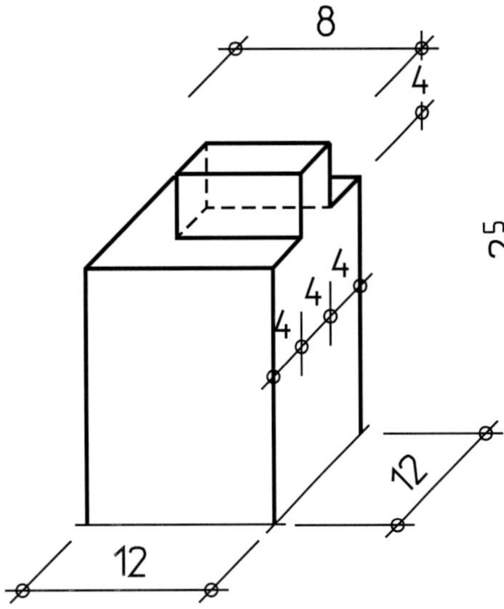

Pfosten mit
abgesetzten Zapfen

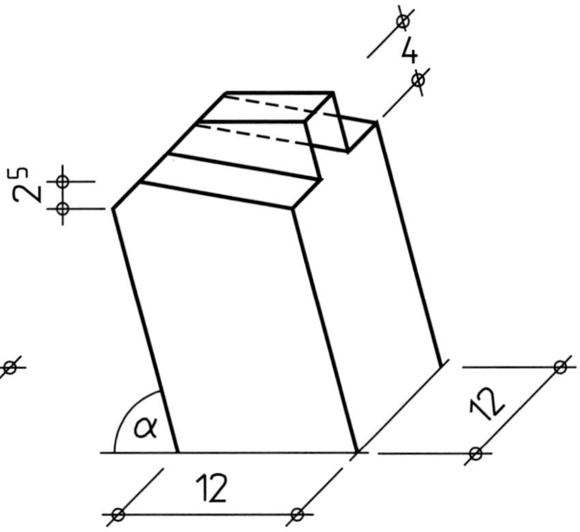

Strebenzapfen
mit Versatz

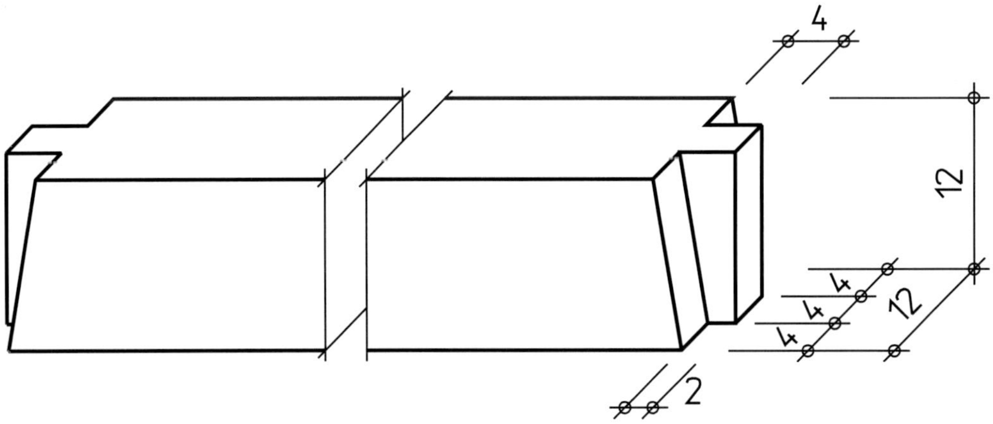

Sturzriegel mit Zapfen und Versatz

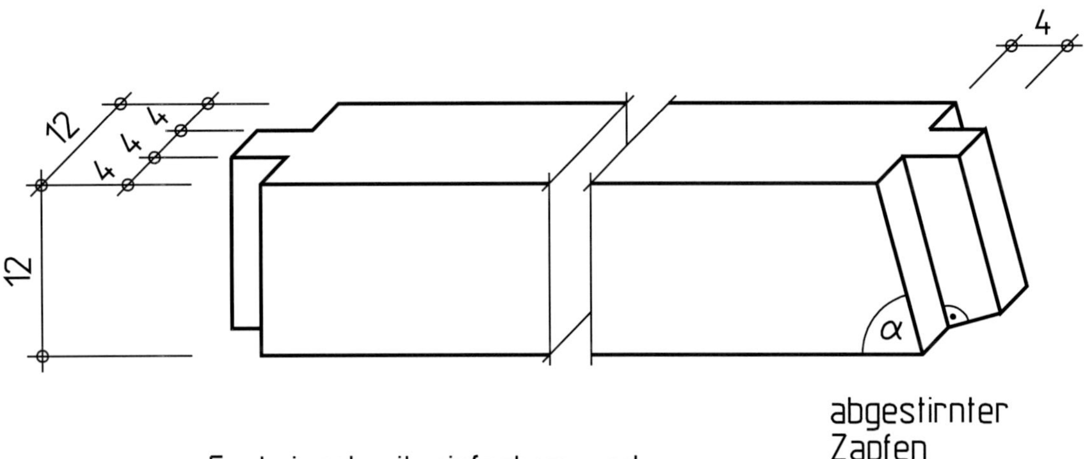

Fachriegel mit einfachem und
abgestirntem Zapfen

	Holzverbindungen der Fachwerkwand (Kavalierprojektion)	1 : 5		
			Seite 190/2.2	

Holzfachwerkwand

Aufgabe

1. Holzliste

Länge l der Streben:

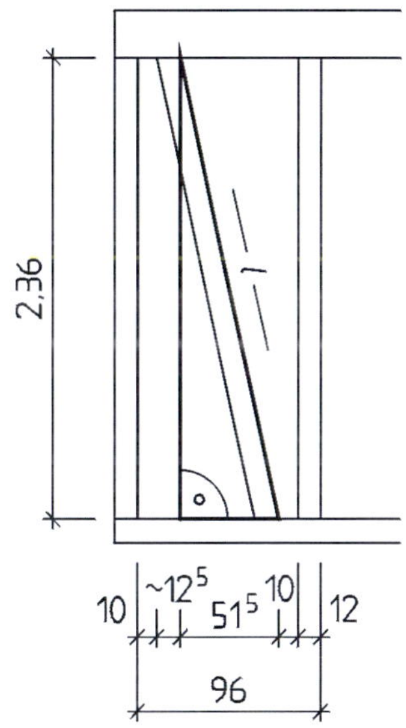

$$l = \sqrt{(2{,}36\ \text{m})^2 + (0{,}515\ \text{m})^2}$$

$$= \sqrt{5{,}570\ \text{m}^2 + 0{,}265\ \text{m}^2}$$

$$= \sqrt{5{,}835\ \text{m}^2}$$

$$= \underline{2{,}416\ \text{m}}$$

Holzlängen:

– Schwelle		= 6,885 m
– Mittelpfette (Rähm)	6,885 m + 0,20 m + 0,15 m	= 7,235 m
– Fachriegel	0,96 m – 0,12 m + 2 · 0,04 m	= 0,920 m
– Sturzriegel	1,005 m – 0,12 m + 2 · 0,04 m	= 0,965 m
– Pfosten	2,70 m – 0,10 m – 0,24 m + 2 · 0,04 m	= 2,440 m
– Streben	2,416 m + 2 · 0,04 m	= 2,496 m

Pos.	Bezeichnung	Anzahl	Querschnitt	Längen in cm		Inhalt	Bemerk.
			cm	einzeln	gesamt	m^3	
1	Schwelle	1	12/10	6,885	6,885	0,082	Fichte
2	Riegel	6	12/12	0,920	5,520	0,079	S 10
3	Riegel	1	12/12	0,965	0,965	0,014	
4	Pfette	1	12/24	7,235	7,235	0,208	
5	Pfosten	8	12/12	2,440	19,520	0,281	
6	Streben	2	12/12	2,496	4,992	0,072	
						0,736	
						0,528	ohne Pfette

2. Rohholzmenge

Fertigholzmenge = 0,736 m^3	100 %
+ Verschnittmenge	3 %
Rohholzmenge	103 %

$$\text{Rohholzmenge} = \frac{0{,}736\ \text{m}^3 \cdot 103\ \%}{100\ \%} = \mathbf{0{,}758\ m^3}$$

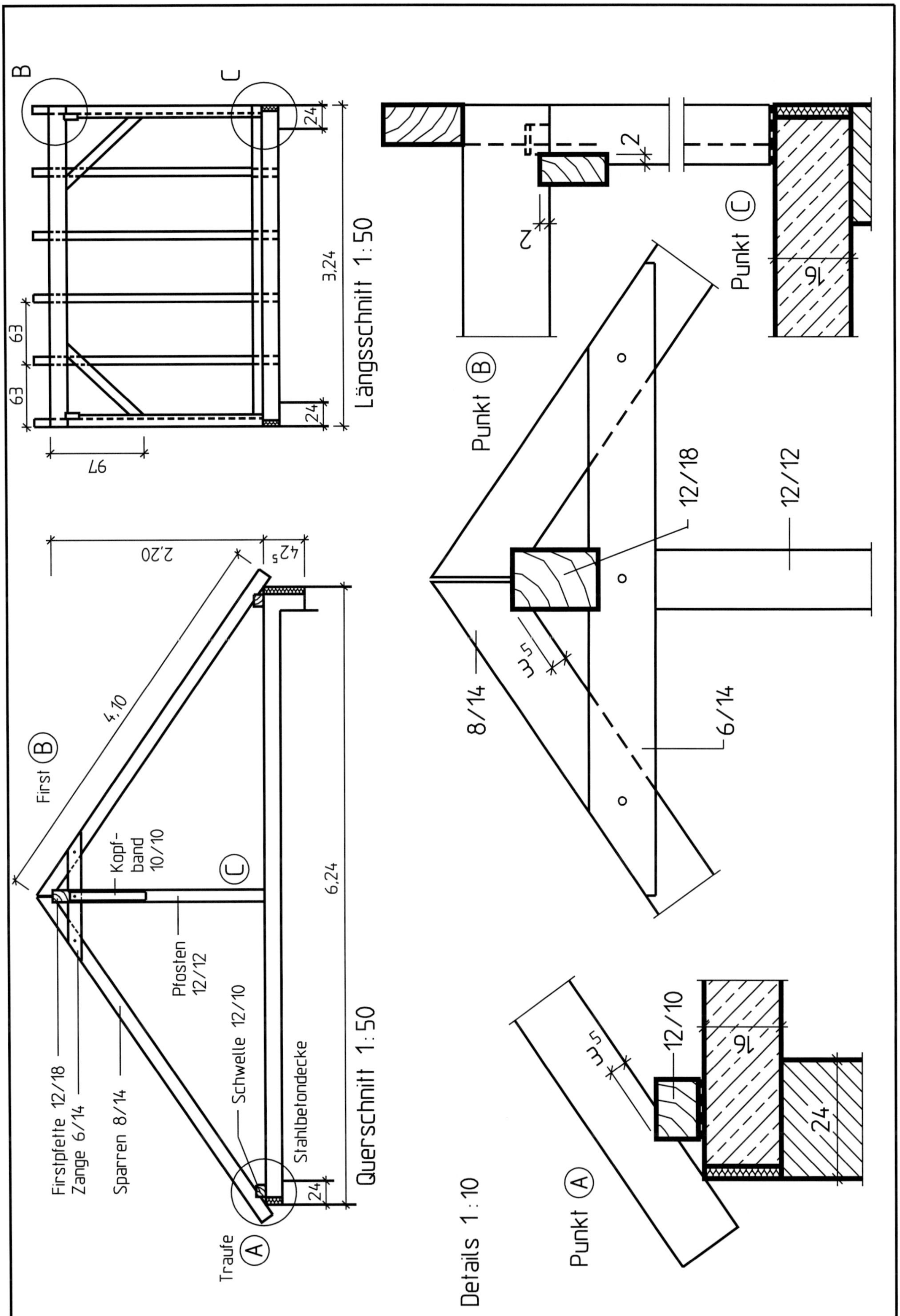

	Einfach stehender Pfettendachstuhl (Garage)	1:50		
		1:10	Seite 195/1+2	

Pfettendachstuhl

1. Pfettendach über der Garage

a) Fertigholzmenge mithilfe der Holzliste

Pos.	Bezeichnung	Anzahl	Querschnitt cm	Längen in cm einzeln	gesamt	Inhalt m^3	Bemerk.
1	Schwellen	2	12/10	3,24	6,48	0,078	
	Schwellen	2	12/10	0,80	1,60	0,019	
2	Zangen	2	6/14	1,40	2,80	0,024	
3	Pfette	1	12/18	3,24	3,24	0,069	
4	Pfosten	2	12/12	2,00	4,00	0,058	
5	Kopfbänder	2	10/10	1,20	2,40	0,024	
6	Sparren	12	8/14	4,10	49,20	0,551	
						0,823	

b) Rohholzmenge

Pos.	Bezeichnung	Anzahl	Querschnitt cm	Längen in cm einzeln	gesamt	Inhalt m^3	Bemerk.
1	Schwellen	2	12/10	3,50	7,00	0,084	
	Schwellen	2	12/10	1,00	2,00	0,024	
2	Zangen	2	6/14	1,50	3,00	0,025	
3	Pfette	1	12/18	3,50	3,50	0,076	
4	Pfosten	2	12/12	2,25	4,50	0,065	
5	Kopfbänder	2	10/10	1,25	2,50	0,025	
6	Sparren	12	8/14	4,25	51,00	0,571	
						0,870	

c) Verschnittsatz

$$\text{Verschnittmenge} = \text{Rohholzmenge} - \text{Fertigholzmenge} = 0{,}870\ \text{m}^3 - 0{,}828\ \text{m}^3 = 0{,}042\ \text{m}^3$$

$$\text{Verschnittsatz} = \frac{\text{Verschnittmenge} \cdot 100\ \%}{\text{Fertigholzmenge}} = \frac{0{,}042\ \text{m}^3 \cdot 100\ \%}{0{,}828\ \text{m}^3} = \mathbf{5{,}072\ \%}$$

2. Holzbalkenlage, Holzliste

Pos.	Bezeichnung	Anzahl	Querschnitt cm	Längen in cm einzeln	gesamt	Inhalt m^3	Bemerk.
1	Balken	9	10/18	3,06	27,54	0,496	
						0,496	

Rohholzmenge

Pos.	Bezeichnung	Anzahl	Querschnitt cm	Längen in cm einzeln	gesamt	Inhalt m^3	Bemerk.
1	Balken	9	10/18	3,25	29,25	0,527	
						0,527	

Verschnittsatz

Verschnittmenge = 0,527 m^3 – 0,496 m^3 = 0,031 m^3

$$\text{Verschnittsatz} = \frac{0{,}031\ \text{m}^3 \cdot 100\ \%}{0{,}496\ \text{m}^3} = \mathbf{6{,}25\ \%}$$

3. Schalung mit gespundeten Brettern

a) Anzahl der benötigten Bretter

Deckmaß der gespundeten Bretter = 11,5 cm – 0,7 cm = 10,8 cm

$$\text{Anzahl der Brettreihen} = \frac{\text{Bodenbreite}}{\text{Deckmaß}} = \frac{3{,}00\ \text{m}}{0{,}108\ \text{m}} = 27{,}77 \text{ erforderlich 28 Reihen}$$

2 Bretter pro Reihe in Längen 2,50 m und 3,75 m (je 28 Bretter)

Anzahl der Bretter: **28 Bretter zu 2,50 m** und **28 Bretter zu 3,75 m**.

b) Rohholzmenge

Rohholzmenge = Anzahl der Brettreihen · Brettbreite (mit Spund) · kurze + lange Brettlänge

= 28 · 0,115 m · (2,50 m + 3,75 m) = 3,22 m · 6,25 m = **20,125 m^2**

c) Verschnittsatz (einschließlich Spundung)

Fertigmenge = 5,80 m · 3,00 m = 17,40 m^2

Verschnittmenge = 20,125 m^2 – 17,40 m^2 = 2,725 m^2

$$\text{Verschnittsatz} = \frac{2{,}725\ \text{m}^2 \cdot 100\ \%}{17{,}40\ \text{m}^2} = \mathbf{15{,}66\ \%}$$

4. Berechnung von Rohholzmengen

a) 3,65 m^3 · 1,035 = **3,778 m^3**

b) 12,16 m^3 · 1,045 = **12,707 m^3**

c) 285,5 m · 1,07 = **305,485 m^3**

d) 123,75 m · 1,065 = **131,794 m^3**

e) 33,65 m^2 · 1,125 = **37,856 m^3**

f) 367,20 m^2 · 1,135 = **416,772 m^2**

5. Schalung der Giebelfläche

$$A = 6{,}28\ \text{m} \cdot 0{,}20\ \text{m} + \frac{6{,}28\ \text{m} \cdot 2{,}25\ \text{m}}{2} = 12{,}56\ \text{m}^2 + 7{,}056\ \text{m}^2 = \mathbf{19{,}625\ m^2}$$

6. Balkenlage im Dachgeschoss des Reihenhauses

Fertigholzmenge

Pos.	Bezeichnung	An-zahl	Quer - schnitt cm	Längen in cm einzeln	gesamt	Inhalt m^3	Bemerk.
1	Balken	7	10/22	10,66	74,62	1,642	
	Balken	4	10/22	4,36	17,44	0,384	
	Balken	4	10/22	3,86	15,44	0,339	
	Balken	1	10/22	2,56	2,56	0,056	
2	Wechsel (Füllholz)	1	10/22	0,66	0,66	0,014	
						2,435	

Rohholzmenge

Pos.	Bezeichnung	An-zahl	Quer - schnitt cm	Längen in cm einzeln	gesamt	Inhalt m^3	Bemerk.
1	Balken	7	10/22	10,75	75,25	1,655	
	Balken	4	10/22	4,50	18,00	0,396	
	Balken	4	10/22	4,00	16,00	0,352	
	Balken	1	10/22	2,75	2,75	0,061	
2	Wechsel (Füllholz)	1	10/22	0,75	0,75	0,017	
						2,481	

Verschnittmenge = $2{,}481\ m^3 - 2{,}435\ m^3 = 0{,}046\ m^3$

Verschnittsatz = $\dfrac{0{,}046\ m^3 \cdot 100\ \%}{2{,}435\ m^3}$ = **1,889 %**

7. Dachverschalung

Schalungsbedarf: Länge Ortgang $b = \sqrt{(5{,}995\ m)^2 + (4{,}30\ m)^2} = 7{,}38\ m$

Länge Traufe $l = 7{,}50\ m + 2 \cdot 0{,}20\ m = 7{,}90\ m$

Grundmaß $g = 10{,}99\ m / 2 + 0{,}50\ m = 5{,}995\ m$

Fertigholzmenge (Schalfläche) $A = 2 \cdot 7{,}90\ m \cdot 7{,}38\ m - 3 \cdot 1{,}25\ m \cdot 1{,}35\ m = 111{,}542\ m^2$

Zu bestellende Holzmenge (Rohholzmenge) = $\dfrac{111{,}542\ m^2 \cdot 109{,}5\ \%}{100\ \%}$ = **122,138 m²**

8. Bauholz für einen Dachstuhl

Zu bestellende Holzmenge (Rohholzmenge) = $\dfrac{3{,}56\ m^3 \cdot 105{,}5\ \%}{100\ \%}$ = **3,756 m³**

Lernfeld 6: Beschichtungen und Bekleidungen

Mengenermittlung

1. Wände der Reihenhausgarage, Giebelhöhe gemessen ≈ 2,36 m

a) Außenputz: $2 \cdot (6{,}74 + 3{,}24) \cdot 2{,}56 + \frac{6{,}74 \cdot 2{,}36}{2} \cdot 2 - 1{,}01 \cdot 1{,}01 - 2{,}26 \cdot 2{,}135 = 61{,}16\ m^2$

Laibungen: $0{,}24 \cdot \frac{1}{3} \cdot (2 \cdot 2{,}135 + 2{,}26 + 4 \cdot 1{,}01) = 0{,}85\ m^2$

Gesamt: $62{,}01\ m^2$

Bedarf an Putzmörtel: $62{,}01\ m^2 \cdot 0{,}015\ m$ = **$0{,}93\ m^3$**

b) Innenputz: $2 \cdot (6{,}26 + 2{,}76) \cdot 2{,}40 + \frac{6{,}26 \cdot 2{,}36}{2} \cdot 2 - 1{,}01 \cdot 1{,}01 - 2{,}26 \cdot 2{,}135 = 52{,}22\ m^2$

Bedarf an Putzmörtel: $52{,}22\ m^2 \cdot 0{,}015\ m$ = **$0{,}783\ m^3$ = 783 l**

Materialbedarf bei einem MV 2:1:10, Summe der RT 13, Mörtelfaktor 1,6

Zement 1 RT: 783 l /13 · 1,6 = 96,37 l, d. h. bei 20 l pro Sack **5 Säcke**

Kalk 2 RT: 96,37 l · 2 = 192,74 l, d. h. bei 60 l pro Sack **4 Säcke**

Sand 10 RT: 96,37 l · 10 = 963,7 l = **$0{,}964\ m^3$**

2. Giebelwand des Reihenhauses ab UG-Wand

$A = 2 \cdot 2{,}75 \cdot 10{,}99 + \frac{10{,}99 \cdot 4{,}10}{2} - 3 \cdot 0{,}885 \cdot 1{,}01 - 1{,}26 \cdot 0{,}76 - 1{,}26 \cdot 1{,}26 = 77{,}75\ m^2$

Laibungen: $0{,}10 \cdot (6 \cdot 1{,}01 + 2 \cdot 0{,}76 + 2 \cdot 1{,}26) = 1{,}01\ m^2$

Gesamt: $78{,}76\ m^2$

a) Bedarf an Putzmörtel, Unterputz: $78{,}76\ m^2 \cdot 0{,}015\ m$ = **$1{,}181\ m^3$ = 1181 l**

Materialbedarf bei einem MV 1:1:6, Summe der RT 8, Mörtelfaktor 1,6

Zement 1 RT: 1181 l /8 · 1,6 = 236,2 l bei 20 l pro Sack 12 Säcke, d. h. **240 kg**

Kalk 1 RT: 236,2 l bei 60 l pro Sack 4 Säcke, d. h. **240 kg**

Sand 6 RT: 236,2 l · 6 = 1417 l = **$1{,}417\ m^3$**

b) Bedarf an Putzmörtel, Fertigputz: $78{,}76\ m^2 \cdot 0{,}006\ m$ = **$0{,}473\ m^3$ = 473 l**

Anzahl Eimer: 473 l / 20 l = 23,7, d. h. **24 Eimer**

3. Waschraum im UG 1 cm dicker Kalkzementmörtel MV 2:1:11

a) Unterputzfläche

$A = 2 \cdot (3{,}635 + 3{,}885) \cdot 2{,}30 - 1{,}01 \cdot 0{,}76 - 0{,}885 \cdot 2{,}135 = 31{,}94\ m^2$

Mörtelbedarf $V = 31{,}94\ m^2 \cdot 0{,}01\ m = 0{,}319\ m^3$

Zement 1 RT: 319 l /14 · 1,6 = 36,5 l bei 20 l pro Sack, 2 Säcke, d. h. **40 kg**

Kalk 2 RT: 36,5 l · 2 = 73,0 l bei 60 l pro Sack, 2 Säcke, d. h. **120 kg**

Sand 6 RT: 36,5 l · 10 = 365,0 l = **$0{,}365\ m^3$**

b) Fliesenfläche: $A = (3{,}635 + 3{,}885) \cdot 1{,}20 + 2 \cdot (3{,}885 + 3{,}635) \cdot 0{,}12 - 0{,}885 \cdot 0{,}12 = 10{,}72\ m^2$

Oberputzfläche: $A = 30{,}13\ m^2 - 10{,}72\ m^2 = 19{,}41\ m^2$

Mörtelbedarf $V = 19{,}41\ m^2 \cdot 0{,}005\ m = 0{,}097\ m^3$

Zement 1 RT: 97 l /14 · 1,6 = 11,1 l , bei 20 l pro Sack, 1 Sack, d. h. **20 kg**

Kalk 2 RT: 11,1 l · 2 = 22,2 l , bei 60 l pro Sack, 1 Sack, d. h. **60 kg**

Sand 6 RT: 11,1 l · 10 = 111,0 l = **0,111 m³**

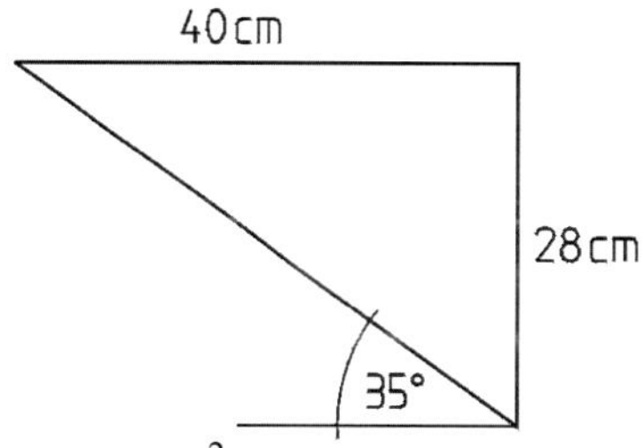

4. Schornsteinkopf, Dachneigungswinkel: 35°

Skizze 1:10, gemessene Verkürzung 28 cm

Fehlendes Maß: 1,55 m – 0,28 m = 1,27 m

Putzfläche: $A = 2 \cdot \frac{1{,}55 + 1{,}27}{2} \cdot 0{,}40 + 0{,}40 \cdot 1{,}55 + 0{,}40 \cdot 1{,}27 = 2{,}26\ m^2$

a) Mörtelbedarf: $V = 2{,}26\ m^2 \cdot 0{,}02\ m = 0{,}0452\ m^3 = 45{,}2$ l, d. h., **5 Eimer** sind hochzutragen

b) Ein Sack Zement 25 kg enthält 20 l, MV 1:1:6

Zement 1 RT: 45,2 l /8 · 1,6 = **9,04 l**, bei 20 l pro Sack **genügt 1 Sack**

5. Abstellraum, zeichnerische Lösung der verbleibenden Raumbreite 1:50

a) gemessen aus nebenstehender Zeichnung:

Verbleibende Raumbreite **≈ 2,30 m**

Schräge am Sparren **≈ 2,60 m**

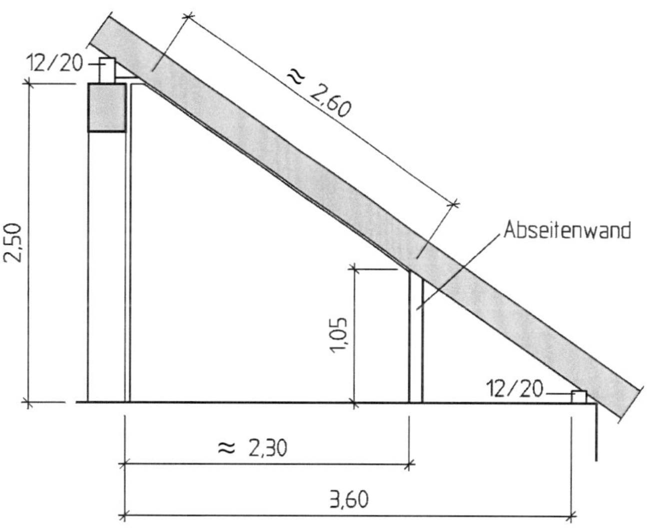

b) Wand- und Dachflächenbekleidung mit Gipsplatten

Wand- und Dachflächen abzüglich Tür und Fenster:

$$A = 2 \cdot \frac{2{,}50 + 1{,}05}{2} \cdot 2{,}34 + 2{,}58 \cdot 6{,}76 + 2{,}50 \cdot 6{,}76 - 0{,}885 \cdot 2{,}125 - 1{,}25\ m^2 = 39{,}52\ m^2$$

Bedarf an Gipsplatten: $\frac{39{,}52\ m^2 \cdot 108\ \%}{100\ \%} = \mathbf{42{,}68\ m^2}$

6. Wohnraum und Kinderzimmer (südöstlich)

a) Abwicklung der Innenwandflächen des **Wohnraums** EG (unmaßstäblich)

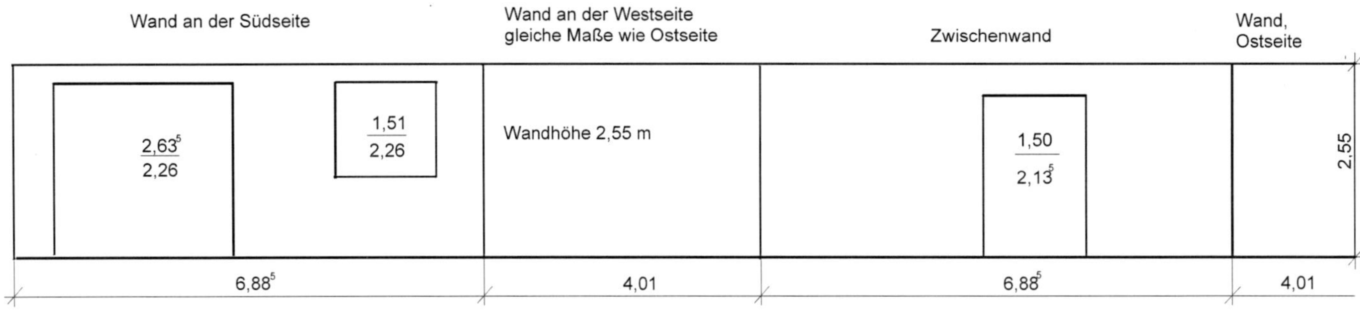

Abwicklung der Innenwandflächen des **Kinderzimmers** im OG, 1:100

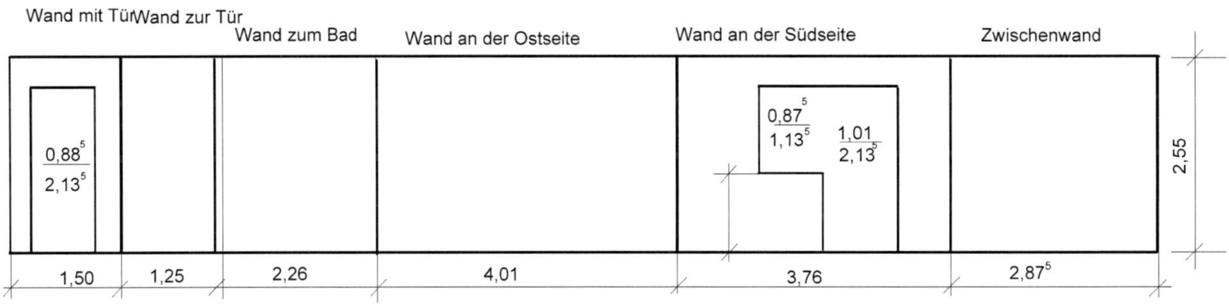

b) Aufmaß der Innenwandflächen des **Wohnraums** im EG

Pos.	Benennung	Anzahl	Ausmaß lang m	Ausmaß breit m	Ausmaß hoch m	Messgehalt m^2	Abzug m^2	Reiner Messgehalt m^2
1	Südseite	1	6,885		2,55	17,56		
	Fenster	1		1,51	1,26		1,90	
	Tür	1		1,885	2,135		4,02	11,64
2	Ostseite	1	4,01		2,55	10,23		10,23
3	Zwischenw.	1	6,885		2,55	17,56		
	Tür	1		1,50	2,135		3,20	12,36
4	Westseite	1	4,01		2,55	10,23		10,23
						Gesamtfläche (m^2):		**44,46**

①

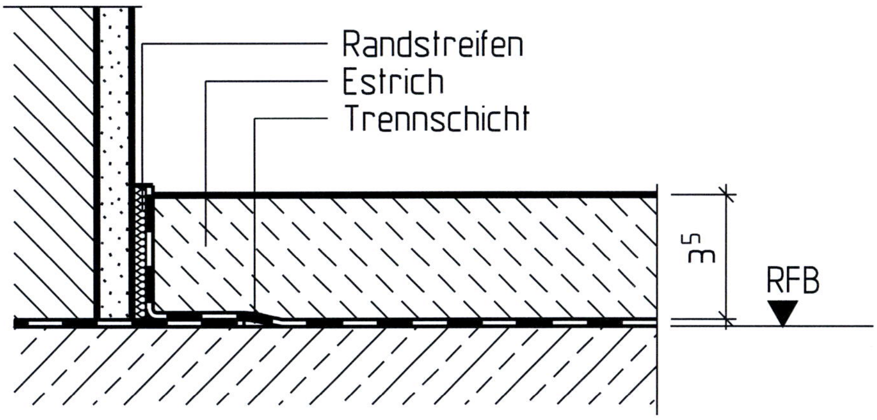

②

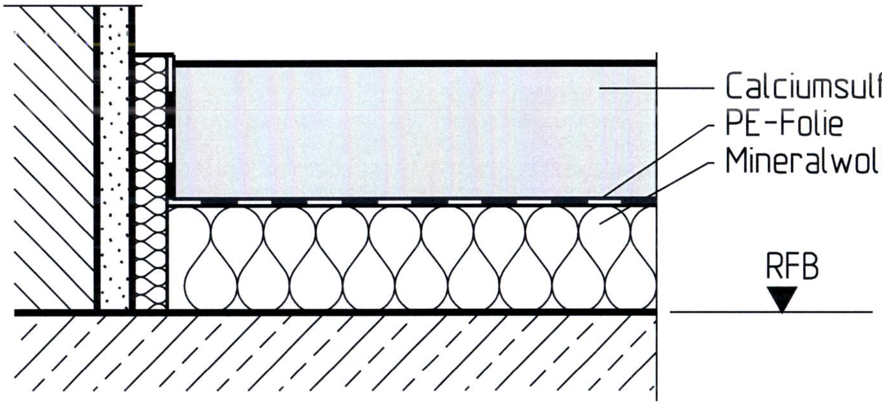

③

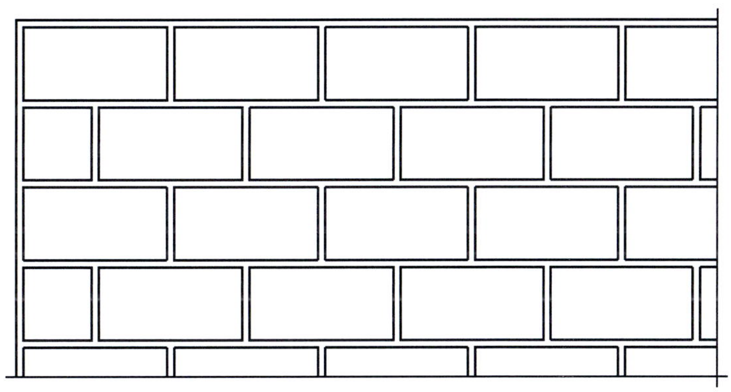

Läufer im Verband
1 am ≙ 1 cm

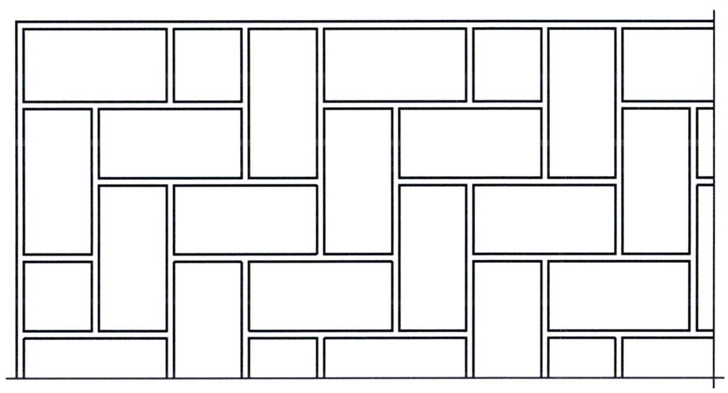

Fischgrätmuster

	Estriche und Ziegel-flachschichten	1:2 cm		Seite 221/1/2/3

Fliesen und Platten

1. Spaltklinker auf der Balkonplatte

Balkonfläche: $A = 7{,}37 \cdot 1{,}40 = 10{,}32\ \text{m}^2$; Plattenbedarf pro m^2 32 Platten (8 × 4)

Bedarf inkl. Verschnitt: $\dfrac{10{,}32\ \text{m}^2 \cdot 106\ \%}{100\ \%} = \mathbf{10{,}94\ m^2}$

Bedarf an Platten: $10{,}94 \cdot 32 = 350{,}08$, d. h. **351 Stück**

2. Planschbecken

a) Bodenfläche mit Verschnitt: $\dfrac{2{,}10^2}{4} \cdot \pi \cdot \dfrac{103\ \%}{100\ \%} =$ **3,57 m²**

b) Innere Wandfläche: $2{,}10 \cdot \pi \cdot 0{,}60 =$ **3,96 m²**

c) Beckenrand mit Verschnitt: $= \dfrac{(2{,}50^2 - 2{,}10^2)}{4} \cdot \pi \cdot \dfrac{106\ \%}{100\ \%} =$ **1,53 m²**

d) Gesamtbedarf: $3{,}57\ \text{m}^2 + 3{,}96\ \text{m}^2 + 1{,}53\ \text{m}^2 =$ **9,06 m²**

3. Stahlbetonstütze und Podestfläche am Hauseingang, Plattenformat 25/25 cm, $A = 0{,}063\ \text{m}^2$

a) Podestfläche mit Verschnitt:

$A = (1{,}875 \cdot 0{,}90 + 0{,}40 \cdot 0{,}30 - 0{,}26^2 \cdot \pi) \cdot \dfrac{112\ \%}{100\ \%} = \mathbf{1{,}79\ m^2}$

Plattenanzahl: $\dfrac{1{,}79\ \text{m}^2}{0{,}063\ \text{m}^2} = 28{,}5$, d. h. **29 Platten**

Setzstufen: $1{,}30 + 1{,}875 + 0{,}60 = 3{,}775$ m

$\dfrac{3{,}775}{0{,}25} \cdot \dfrac{112\ \%}{100\ \%} = 16{,}9$, d. h. **17 Platten**

Insgesamt 29 + 17 = **46 Platten**

b) Bedarf an Festbeton für die Stütze, Durchmesser $d = 26$ cm, Stützenhöhe 2,26 m:

$V = \dfrac{0{,}26^2}{4} \cdot \pi \cdot 2{,}26 = \mathbf{0{,}120\ m^3}$

c) Bedarf Mosaik für die Stützenfläche mit Verschnitt: $A = 0{,}26 \cdot \pi \cdot 2{,}26 \cdot \dfrac{102\ \%}{100\ \%} = \mathbf{1{,}88\ m^2}$

4. Windfang, Garderobe, Essbereich einschließlich Treppenraum, Fliesenformat 30/30 cm

a) Flächen,

Windfang:	$1{,}76 \cdot 1{,}635 + 0{,}365 \cdot 1{,}385 + 1{,}01 \cdot 0{,}115 =$		3,50 m²
Garderobe:	$1{,}75 \cdot 1{,}635 + 0{,}76 \cdot 0{,}24 - 0{,}40 \cdot 0{,}40 =$		2,88 m²
Essbereich:	$2{,}635 \cdot 3{,}51 =$		9,26 m²
Treppenraum:	$2{,}26 \cdot (2{,}26 + 0{,}62) - 2{,}26 \cdot 0{,}24 =$		5,97 m²
		Gesamtfläche	21,61 m²

Fliesenbedarf mit Verschnitt: $21{,}61\ \text{m}^2 \cdot \dfrac{105\ \%}{100\ \%} = \mathbf{22{,}69\ m^2}$

b) Bedarf an Dünnbettmörtel, im Mittel angenommen 3,5 kg/m², Sackinhalt 20 kg

Bedarf: $3{,}5\ \text{kg/m}^2 \cdot 22{,}69\ \text{m}^2 = 79{,}42$ kg; $\dfrac{79{,}42\ \text{kg}}{20\ \text{kg}} = 3{,}97$, d. h. **4 Säcke** Dünnbettmörtel

Wandecke

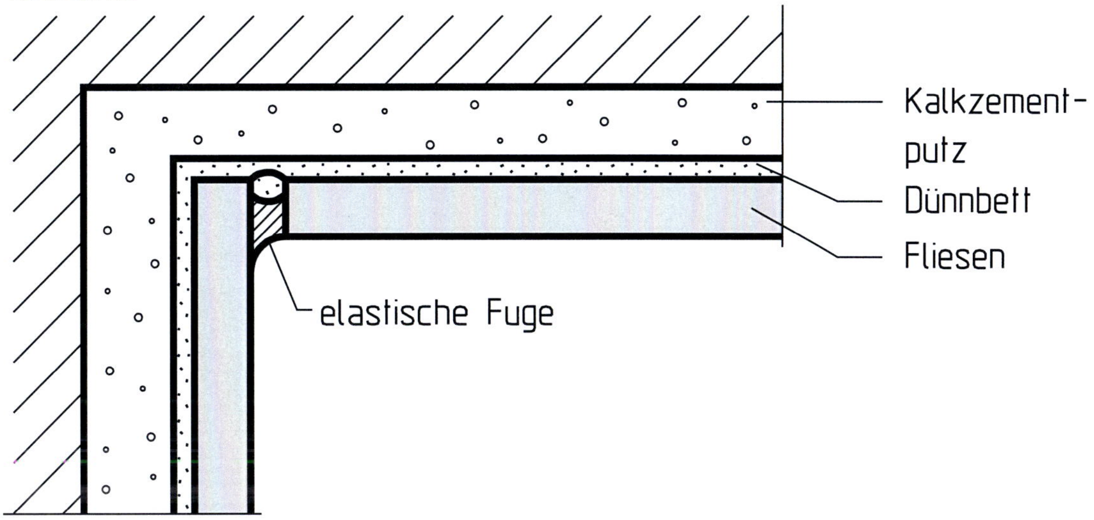

Fußbodenaufbau

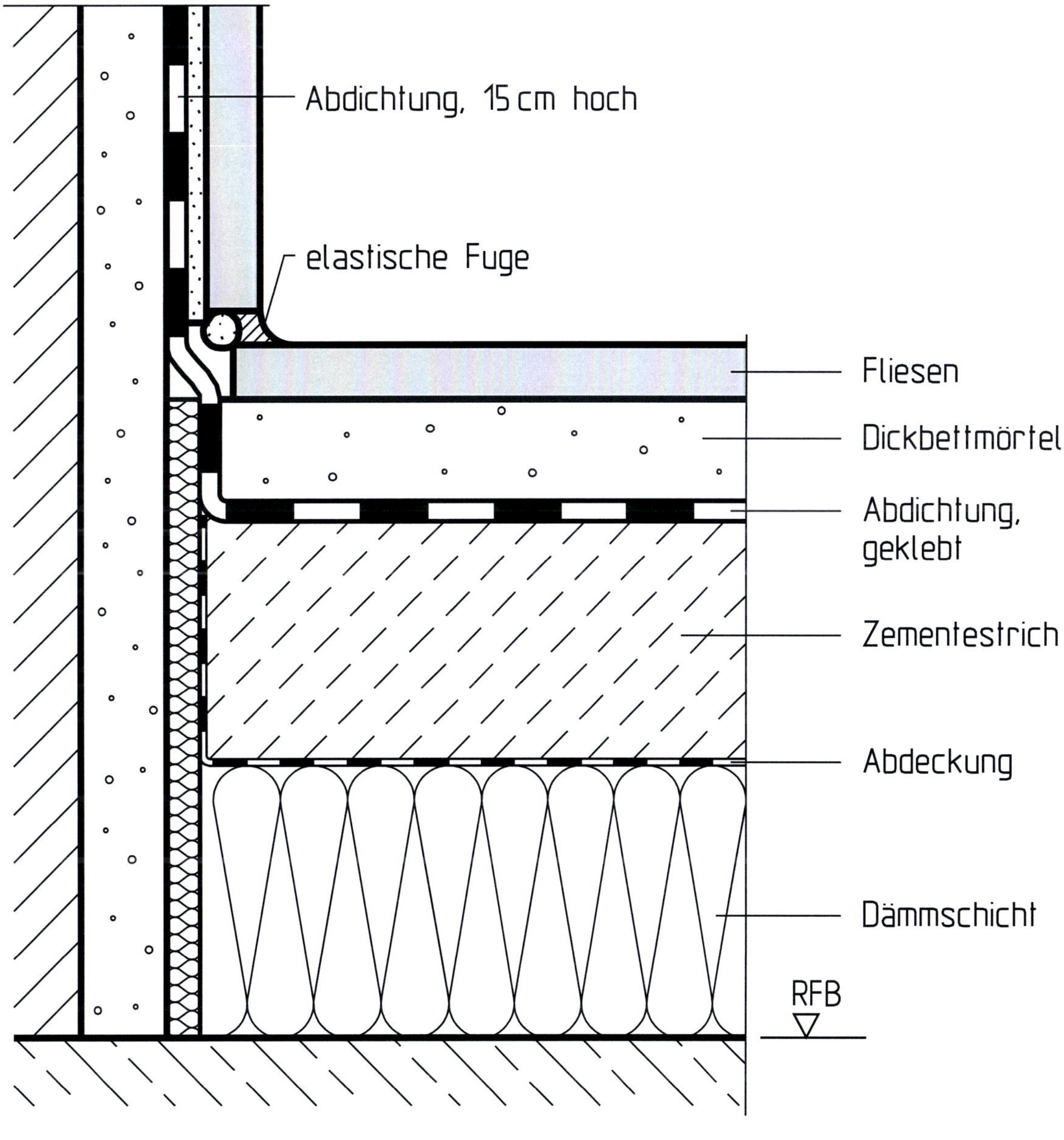

	Fliesenbelag, Wand und Boden	1:1 mm		
			Seite 229	

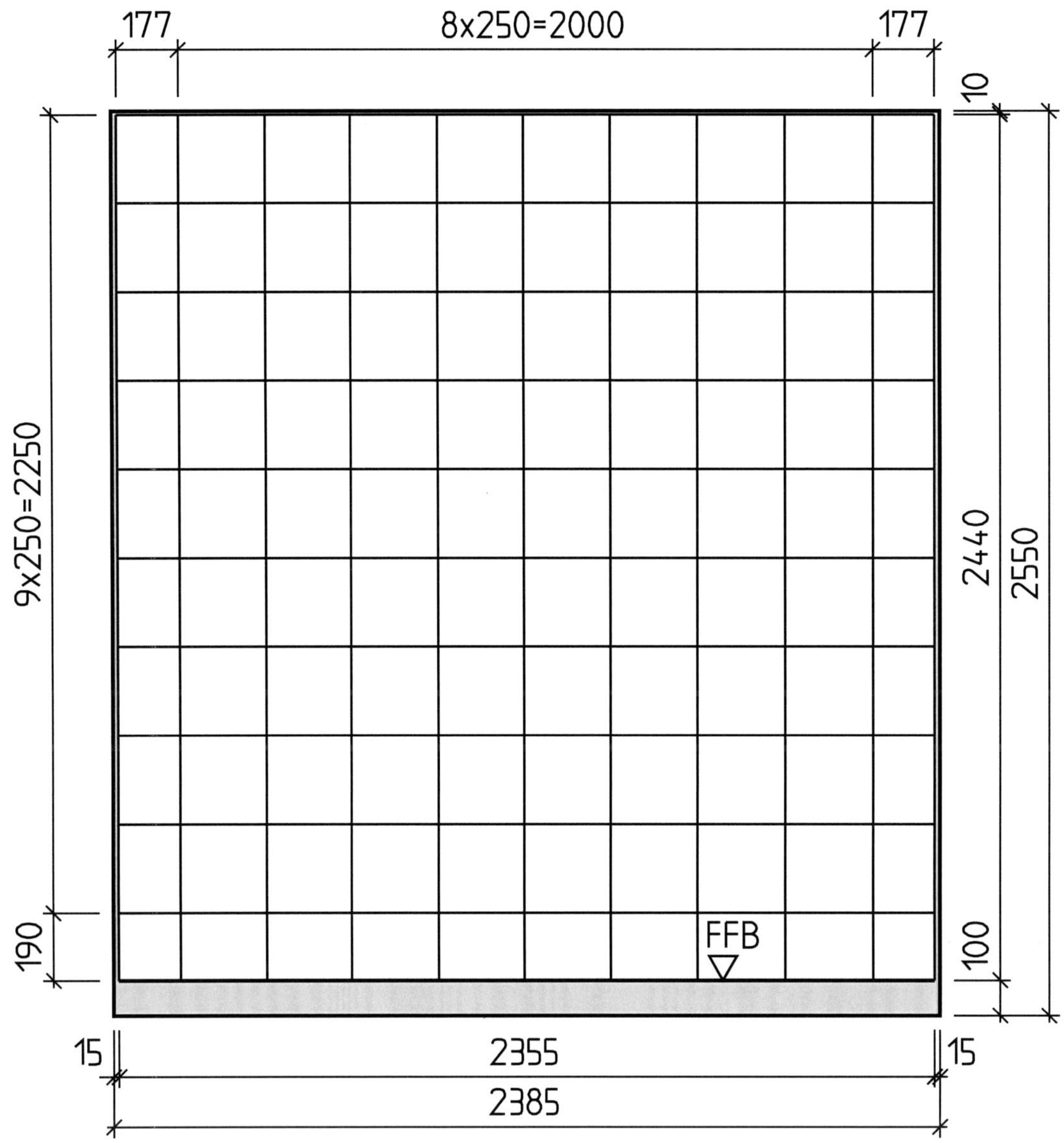

Einteilung für Fliesen 250/250mm

Breite :

Rohbaumaß		2385 mm
Kalkzementputz + Dünnbett	15 mm	
	$-2 \cdot 15$	= − 30 mm
lichte Breite		= 2355 mm
8 Fliesen		2000 mm
	Rest	355 mm

→ 2 Teilfliesen $\frac{355}{2} = 177$ mm

$(177 \geq \frac{250}{2})$

Höhe :

Rohbaumaß	2550 mm
Deckenputz	− 10 mm
Fußbodenaufbau	− 100 mm
lichte Höhe	= 2440 mm
9 Fliesen	2250 mm
Rest	190 mm

Teilfliese 190 mm wird am Sockel angeordnet

Fliesenbelag (Wand) im Bad (OG)	1:20 mm	Seite 230/1

Im Verband

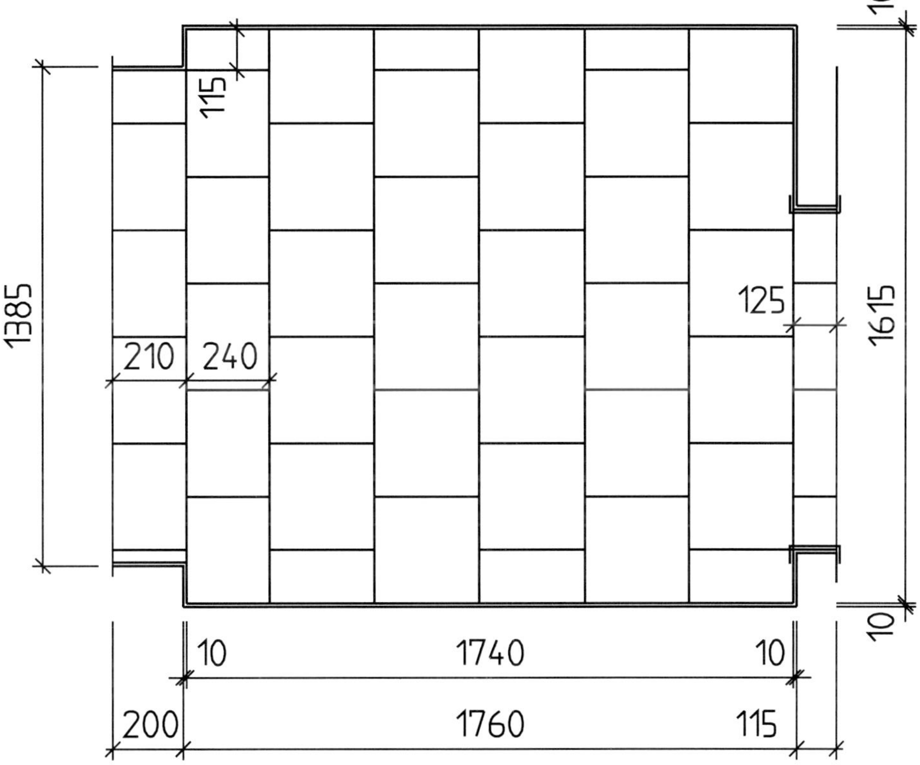

Einteilung

Länge :

Lichtmaß	1740 mm
5 × 300	= 1500 mm
Rest	240 mm

Breite :

Lichtmaß	1615 mm
5 × 300	= 1500 mm
Rest	115 mm

Normalverlegung

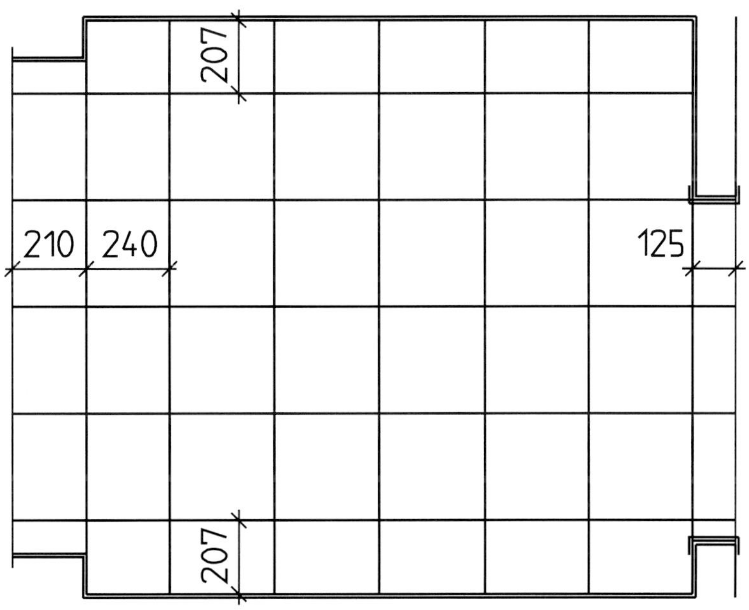

Breite :

Lichtmaß	1615 mm
4 × 300	= 1200 mm
Rest	415 mm

2 Teilfliesen

$$\frac{415}{2} = 207 \text{ mm}$$

Bemerkung : Diagonalverlegung ist schwierig !

Bodenverfliesung im Windfang	1:20 mm	Seite 230/2

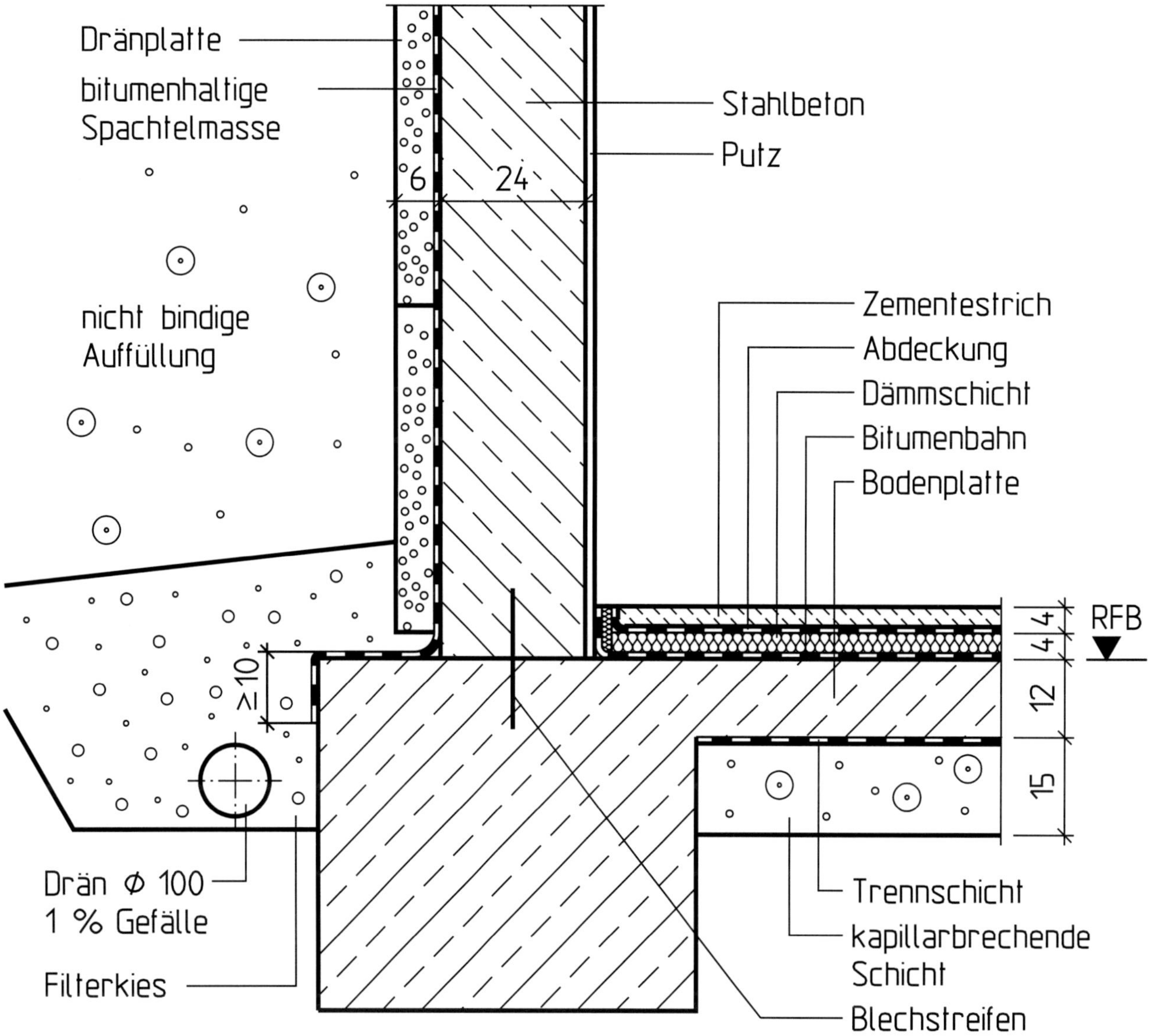

		UG-Wand- und Fußbodenaufbau	1:10 cm		
				Seite 234/1	

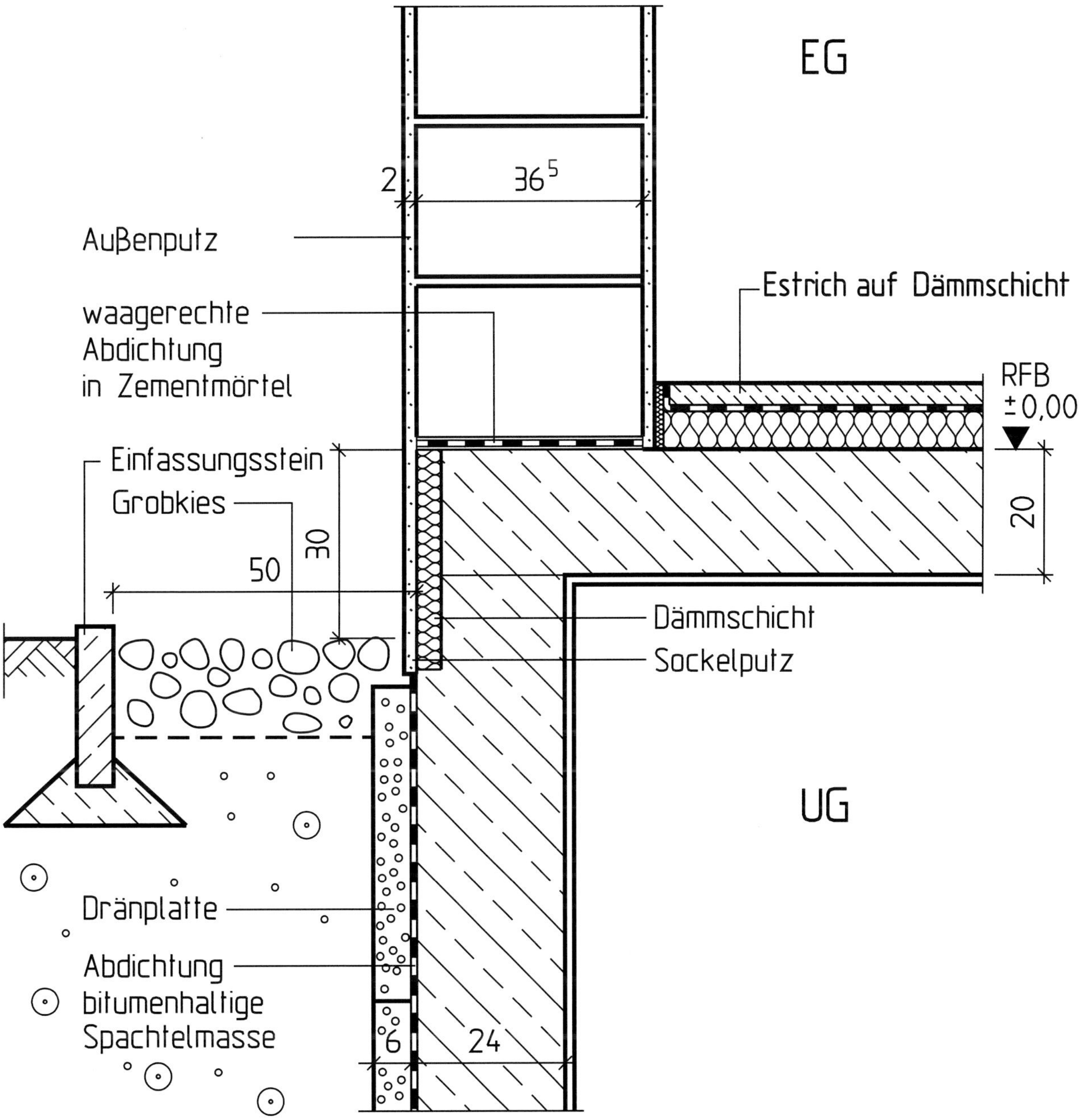

	Sockel des Reihenhauses	1 : 10 cm		
			Seite 234/2	

Wo die Mathematik helfen kann

6.1 Rechnen mit Taschenrechnern

1. **a)** 25,3478 **b)** 93047,9 **c)** 162,354

2. 14,985 m

3. Fehlende Maße (Maßangaben in cm)

$1173{,}5 - 2 \cdot 24 - 2 \cdot 30 - 401 - 226 - 11{,}5 - 176 =$ **251 cm**

$1173{,}5 - 3 \cdot 99 - 126 - 249 - 151 - 101 - 76 =$ **173,5 cm**

4. **a)** 43,193... **b)** 637699,40... **c)** 35834,84...

5. 37,47 €

6. **a)** 2,502... **b)** 1,467... **c)** 10404,42...

7. 32 Steine/m^3 · 127,38 Steine = 4076,16, ergibt **4077 Steine**

8. **a)** 102 **b)** 152,983... **c)** 80,933... **d)** 50,9 **e)** 13,043... **f)** 0,309...

9. Fläche einer Fassade (Maßangaben in m)

$A = 7{,}24 \cdot 3{,}15 + 7{,}24 \cdot 2{,}85/2 - 1{,}26 \cdot 0{,}885 - 1{,}51 \cdot 1{,}385 - 2{,}01 \cdot 2{,}135 =$ **25,625 m^2**

10. Monatslohn (brutto) eines Maurers

Gesamtstunden: 42 + 46 + 41 + 34 = 163 Stunden

Lohn: 163 h · 14,83 €/h + 9 h · 2,00 €/h + 87,50 € = **1605,10 €**

11. 13,152...m 3,535...m 0,591...m 37,219...cm

12. **a)** 7,412... **b)** 2,302... **c)** 36,112... **d)** 327,406...

13. **a)** 478,387...m^2 **b)** 163,448...cm^2 **c)** 3677,756...cm^2
d) 59577,302...m^2 **e)** 150,439...mm^2

14. Summe der Einzelbeträge = Rechnungsbetrag

212,70 € + 96,00 € + 60,70 € + 189,54 € = **558,94 €**

15. Erdaushubarbeiten

a) 45 m^3 : 5 m^3/Lkw = **9 Lkw** pro Stunde

b) Ladezeit: 60 min : 9 = **6,666...min** pro Lkw

c) Anzahl: 40 min : 6,666 min/Lkw = **6 Lkw**

6.2 Anwenden von Formeln

1. Trapez $U = l_1 + l_2 + s_1 + s_2$ Kreis $U = d \cdot \pi$ Parallelogramm $U = 2 \cdot (l + s)$

2. Dreieck $A = \frac{l \cdot b}{2}$ Raute $A = l \cdot b$ Kreisausschnitt $A = \frac{d^2 \cdot \partial \cdot \acute{a}°}{4 \cdot 360°}$

3. Prisma $V = A \cdot h_k$, Zylinder $V = A \cdot h_k$

Kegelstumpf $V = \frac{h_k}{6} \cdot (A_1 + A_2 + 4 \cdot A_m)$ oder $V = \frac{\partial \cdot h_k}{12} \cdot (D^2 + d^2 + D \cdot d)$

4. **a)** Fläche des Dreiecks **b)** Volumen der Pyramide oder des Kegels

c) Lehrsatz des Pythagoras

5. Gleichungen nach A umstellen, Multiplikation jeweils mit b, l, a, $(a + b)$, r^2

a) $A = b \cdot l$ **b)** $A = b \cdot l$ **c)** $A = a^2$

d) $l \cdot b = 2A \quad / : 2$

$$A = \frac{l \cdot b}{2}$$

e) $(a + b) \cdot h = 2 \cdot A \quad / : 2$

$$A = \frac{(a + b) \cdot h}{2}$$

f) $A = r^2 \cdot \pi$

6. Gleichungen nach V umstellen

a) $V = h \cdot A$ **b)** $V = a^2 \cdot h$ **c)** $V = \frac{h \cdot A}{3}$

d) $4 \cdot \pi \cdot r^3 = 3 \cdot V \quad / : 3$

$$V = \frac{4 \cdot \pi \cdot r^3}{3}$$

e) $2 \cdot \pi \cdot r^2 \cdot h = 3 \cdot V \quad / : 3$

$$V = \frac{2 \cdot \pi \cdot h \cdot r^2}{3}$$

7. Jede Größe auf einer Seite

a) $\sigma = \frac{E}{A}$; $A = \frac{E}{\sigma}$; $E = A \cdot \sigma$ **b)** $\sigma = \frac{M}{W}$; $W = \frac{M}{\sigma}$; $M = W \cdot \sigma$

c) $A = \frac{a + b}{2} \cdot h \quad / \cdot 2$

$2 \cdot A = (a + b) \cdot h \quad / : (a + b)$

$\frac{2 \cdot A}{(a + b)} = h$

ähnl. Umformungen ergeben:

$2 = \frac{h \cdot (a + b)}{A}$

$A = \frac{a + b}{2} \cdot h \quad / \cdot 2$

$2 \cdot A = (a + b) \cdot h \quad / : h$

$\frac{2 \cdot A}{h} = a + b \quad / - a$ bzw. $- b$

ergibt:

$b = \frac{2 \cdot A}{h} - a$ bzw. $a = \frac{2 \cdot A}{h} - b$

zu 7.

d) $A = \frac{\pi}{4} \cdot d^2 \quad / \cdot 4$

$4 \cdot A = \pi \cdot d^2 \quad / : \pi$

$\frac{4 \cdot A}{\pi} = d^2 \quad / \sqrt{}$

$d = \sqrt{\frac{4 \cdot A}{\pi}} = 2 \cdot \sqrt{\frac{A}{\pi}}$

$A = \frac{\pi}{4} \cdot d^2 \quad / \cdot 4$

$4 \cdot A = \pi \cdot d^2 \quad / : d^2$

$\pi = \frac{4 \cdot A}{d^2}$

e) $c^2 = a^2 + b^2 \rightarrow c = \sqrt{a^2 + b^2}$; $\quad a^2 = c^2 - b^2 \rightarrow a = \sqrt{c^2 - b^2}$;

$b^2 = c^2 - a^2 \rightarrow b = \sqrt{c^2 - a^2}$

f) $U = R \cdot I$; $I = \frac{U}{R}$ bzw. $R = \frac{U}{I}$

8. Umfang eines Grundstücks

Schräge Länge = $2{,}5 \cdot a \cdot \sqrt{2}$

$U = 9 \cdot a + 2{,}5 \cdot a \cdot \sqrt{2}$ oder $U = a \cdot (9 + 2{,}5 \cdot \sqrt{2})$

Für $a = 5{,}0$ m ergibt: $U = 5{,}0 \text{ m} \cdot (9 + 2{,}5 \cdot \sqrt{2}) = \mathbf{62{,}68 \text{ m}}$

9. **a)** $U = 2 \cdot (a + b) + c$ **b)** $U = 4 \cdot a + 2 \cdot b$ bzw. $U = 8 \cdot a$

c) $U = 6 \cdot a$ **d)** $U = 3 \cdot (a + c) + b + d$

10. **a)** $A = a \cdot (b + c)$ **b)** $A = b \cdot \left(a + \frac{b}{2}\right)$

c) $A = b \cdot (c - a) + \frac{a^2 \cdot \pi}{2}$ oder $A = b \cdot c - a \cdot \left(b - \frac{a \cdot \pi}{2}\right)$

11. Volumen eines Körpers aus Quader und Pyramide

Formel: $V = l \cdot b \cdot h_2 + \frac{1}{3} \cdot l \cdot b \cdot h_1$ oder $V = l \cdot b \cdot (h_2 + \frac{1}{3} \cdot h_1)$

6.3 Dreisatzrechnen

1. Zementsäcke

35 Säcke ≙ 224 €

25 Säcke ≙ x €

$$x = \frac{224\,€ \cdot 25\,\text{Säcke}}{35\,\text{Säcke}} = 160\,€$$

2. Betonkosten

14 m³ ≙ 910 €

12 m³ ≙ x €

$$x = \frac{910\,€ \cdot 12\,\text{m}^3}{14\,\text{m}^3} = \mathbf{780\,€}$$

3. Kosten der Mauerziegel ohne Fracht: 4160 € - 112,50 € = 4047,50 €

7900 Ziegel ≙ 4047,50 €

7000 Ziegel ≙ x €

$$x = \frac{4047{,}50\,€ \cdot 7000\,\text{Ziegel}}{7900\,\text{Ziegel}} = 3586{,}39\,€$$

gesamte Kosten: 3586,39 € + 112,50 € = **3698,89 €**

4. Einsatz eines Baggers

7,5 h ≙ 417,50 €

6 h ≙ x €

$$x = \frac{417{,}50\,€ \cdot 6\,\text{h}}{7{,}5\,\text{h}} = \mathbf{334\,€}$$

5. Mörtelbedarf

2,7 m³ ≙ 548 l

9,8 m³ ≙ x l

$$x = \frac{548\,\ell \cdot 9{,}8\,\text{m}^3}{2{,}7\,\text{m}^3} = \mathbf{1\,989{,}04\,\ell}$$

6. Baukosten eines Einfamilienhauses

175 m² ≙ 375000 €

155 m² ≙ x €

$$x = \frac{375000\,€ \cdot 155\,\text{m}^2}{175\,\text{m}^2} = \mathbf{332\,142{,}86\,€}$$

7. Estricharbeiten

200 m² ≙ 13 h

150 m² ≙ *a* h

250 m² ≙ *b* h

$$a = \frac{13\,\text{h} \cdot 150\,\text{m}^2}{200\,\text{m}^2} = \mathbf{9{,}75\,h} \qquad b = \frac{13\,\text{h} \cdot 250\,\text{m}^2}{200\,\text{m}^2} = \mathbf{16{,}25\,h}$$

350 m² ≙ *c* h

400 m² ≙ *d* h

$$c = \frac{13\,\text{h} \cdot 350\,\text{m}^2}{200\,\text{m}^2} = \mathbf{22{,}75\,h} \qquad d = \frac{13\,\text{h} \cdot 400\,\text{m}^2}{200\,\text{m}^2} = \mathbf{26\,h}$$

<u>zu Nr. 7</u> Zeichnerische Darstellung der oben stehenden Ergebnisse

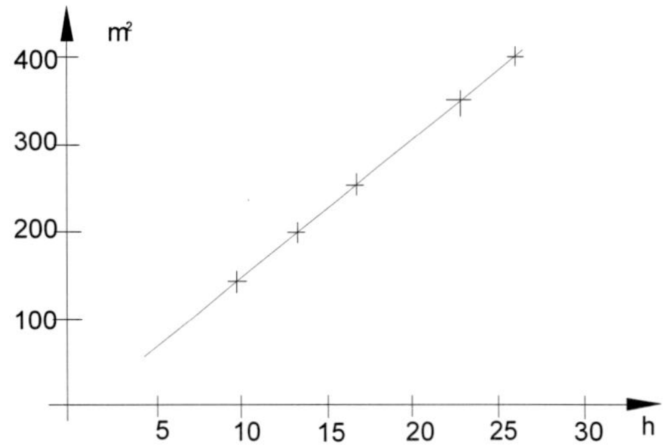

8. Kosten von Kiefernholz

1 m^3 Nadelschnittholz kostet: $4207{,}50\ €/15{,}3\ m^3 = 275\ €/m^3$

1 m^3 Kiefernholz kostet: $275\ €/m^3 + 18{,}50\ €/m^3 = 293{,}50\ €/m^3$

19 m^3 Kiefernholz kosten: $293{,}50\ €/m^3 \cdot 19\ m^3 =$ **5576,50 €**

9. Dämmplattenbedarf

$160\ m^2 \triangleq 1920\ €$
$145\ m^2 \triangleq x\ €$

$$x = \frac{1920\ € \cdot 145\ m^2}{160\ m^2} = \mathbf{1740\ €\ (Dicke\ 18\ cm)}$$

Kosten bei 22 cm Dicke: $1920\ € + 160\ m^2 \cdot 2{,}25\ €/m^2 = 2280\ €$

$160\ m^2 \triangleq 2280\ €$
$145\ m^2 \triangleq x\ €$

$$x = \frac{2280\ € \cdot 145\ m^2}{160\ m^2} = \mathbf{2066{,}25\ €}$$

10. Frachtkosten für 7 km: $7\ km \cdot 0{,}65\ €/(m^3\ km) \cdot 82\ m^3 = 373{,}10\ €$

Reine Kosten des Betons: $6150\ € - 373{,}10\ € = 5776{,}90\ €$

Frachtkosten für 12 km: $12\ km \cdot 0{,}65\ €/(m^3\ km) \cdot 54\ m^3 = 421{,}20\ €$

$82\ m^3 \triangleq 5776{,}90\ €$
$54\ m^3 \triangleq x\ €$

$$x = \frac{5776{,}90\ € \cdot 54\ m^3}{82\ m^3} = 3804{,}30\ €$$

Gesamtkosten: $3804{,}30\ € + 421{,}20\ € =$ **4225,50 €**

11. Rohrgrabenaushub

Arbeitszeit: $3 \cdot 8\ h = 24\ h$

3 Arbeiter $\triangleq$ 24 h
4 Arbeiter $\triangleq$ x h

$$x = \frac{3\ Arbeiter \cdot 24\ h}{4\ Arbeiter} = 18\ h$$, ergibt **2 Tage 2 h**

12. Arbeitszeit beim Ausfall von Arbeitern

5 Arbeiter $\triangleq$ 8 h

3 Arbeiter $\triangleq$ x h

$$x = \frac{5\text{ Arbeiter} \cdot 8\text{ h}}{3\text{ Arbeiter}} = 13{,}33\text{ h, ergibt eine}$$

Arbeitszeiterhöhung von **5 h 20 min**

13. Verzögerung eines Fertigstellungstermins

6 Arbeiter $\triangleq$ 4 Tage

4 Arbeiter $\triangleq$ x h

$$x = \frac{6\text{ Arbcitcr} \cdot 4\text{ Tagc}}{4\text{ Arbeiter}} = 6\text{ Tage, ergibt}$$

eine Arbeitszeiterhöhung von **2 Tagen**

14. Bewehren einer Stahlbetondecke von 240 m^2

4 Arbeiter $\triangleq$ 3 Tage

2 Arbeiter $\triangleq$ x Tage

$$x = \frac{4\text{ Arbeiter} \cdot 3\text{ Tage}}{2\text{ Arbeiter}} = \mathbf{6\text{ Tage}}$$

a) Ersetzt man in nebenstehender Berechnung „2 Arbeiter" durch die übrige Anzahl von Betonbauern, so ergibt sich folgende Tabelle:

Betonbauer	3	5	6	7
Arbeitstage	4	2,4	2	1,71

b) Zeichnerische Darstellung des Verhältnisses

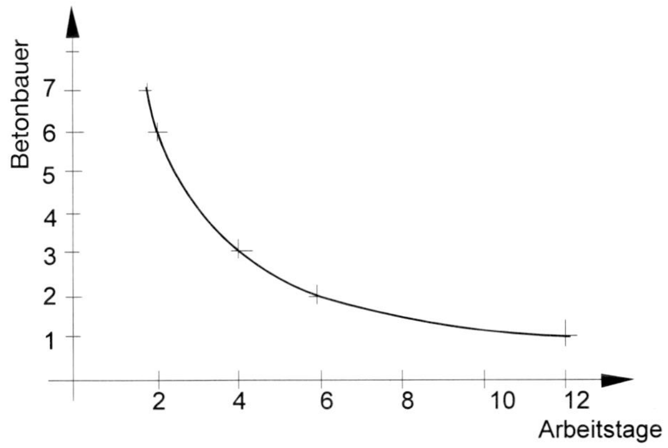

15. Erstellen eines Einfamilienhauses

6 Arbeiter, 8 h, 90 Tage

5 Arbeiter, 9 h, x Tage

$$x = \frac{6\text{ Arbeiter} \cdot 8\text{ h} \cdot 90\text{ Tage}}{5\text{ Arbeiter} \cdot 9\text{ h}} = \mathbf{96\text{ Tage}}$$

16. Abbinden von Bauholz

4 Arbeiter, 3 Tage, 8 h, 5,5 m^3

6 Arbeiter, 2 Tage, 10 h, x m^3

$$x = \frac{6 \text{ Arbeiter} \cdot 10 \text{ h} \cdot 2 \text{ Tage} \cdot 5{,}5 \text{ m}^3}{4 \text{ Arbeiter} \cdot 8 \text{ h} \cdot 3 \text{ Tage}} = \mathbf{6{,}875\ m^3}$$

17. Betonmischen

Zeit der alten Maschine 500 l /1,20 min = 416,67 l/min

Zeit der neuen Maschine 50 000 l /60 min = 833,33 l/min

60 min ≙ 50 000 l

x min ≙ 750 l

$$x = \frac{60 \text{ min} \cdot 750 \text{ l}}{50000 \text{ l}} = \mathbf{0{,}9\ min = 54\ Sekunden}$$

18. Herstellung von Betonfertigteilen

Leistung eines Monats: 13 Arbeiter · 18 Tage · 8 h = 1872 h · Tag · Arbeiter

Verteilung der Arbeiter und Tage auf den Monat Juni

6 Tage mit 13 Arbeitern:	78 Arbeiter · Tage
12 Tage mit 10 Arbeitern:	120 Arbeiter · Tage
ergibt insgesamt:	198 Arbeiter · Tage

verteilt auf die gesamte Monatsleistung pro Arbeiter und Tag

1872 h · Tag · Arbeiter/198 Arbeiter · Tage = **9,45 h**

19. Baugrubenaushub

300 m^3, 1 Lkw, 5 Tage

250 m^3, 2 Lkw, x Tage

$$x = \frac{250 \text{ m}^3 \cdot 5 \text{ Tage} \cdot 1 \text{ Lkw}}{300 \text{ m}^3 \cdot 2 \text{ Lkw}} = \mathbf{2{,}083\ Tage}$$

6.4 Prozentrechnen

1. Volumen V der Baugrube

a) $V = \dfrac{107\ \% \cdot 1800\ \text{m}^3}{100\ \%} = \mathbf{1926\ m^3}$

b) $V = \dfrac{118\ \% \cdot 2900\ \text{m}^3}{100\ \%} = \mathbf{3422\ m^3}$

c) $V = \dfrac{112\ \% \cdot 500\ \text{m}^3}{100\ \%} = \mathbf{560\ m^3}$

d) $V = \dfrac{109\ \% \cdot 1700\ \text{m}^3}{100\ \%} = \mathbf{1853\ m^3}$

2. €-Beträge nach Skontoabzug

$\dfrac{98\,\% \cdot 25764{,}80\ €}{100\,\%} = \mathbf{25249{,}50\ €}$

$\dfrac{98\,\% \cdot 12763{,}60\ €}{100\,\%} = \mathbf{12508{,}33\ €}$

$\dfrac{98\,\% \cdot 93519\ €}{100\,\%} = \mathbf{91648{,}62\ €}$

$\dfrac{98\,\% \cdot 4915{,}40\ €}{100\,\%} = \mathbf{4817{,}09\ €}$

$\dfrac{98\,\% \cdot 108946\ €}{100\,\%} = \mathbf{106767{,}08\ €}$

$\dfrac{98\,\% \cdot 184{,}50\ €}{100\,\%} = \mathbf{180{,}81\ €}$

3. Nettogehalt $= \dfrac{(100 - 32{,}8)\,\% \cdot 2125\ €}{100\,\%} = \mathbf{1428\ €}$

4. Lohn nach Gehaltserhöhung $= \dfrac{(100 + 4{,}8)\,\% \cdot 9{,}15\ €/\text{h}}{100\,\%} = \mathbf{9{,}59\ €}$

5. Prozentzahl als Dezimalwert, z. B. wird aus 2 % der Faktor 0,02

Gewerk	reine Baukosten · p	Kosten
Erdarbeiten	315000,00 € · 0,02 =	6300 €
Maurerarbeiten	315000,00 € · 0,21 =	66150 €
Betonarbeiten	315000,00 € · 0,14 =	44100 €
Putzarbeiten	315000,00 € · 0,07 =	22050 €
Zimmerarbeiten	315000,00 € · 0,07 =	22050 €
Dachdeckerarbeiten	315000,00 € · 0,025 =	7875 €
Klempnerarbeiten	315000,00 € · 0,02 =	6300 €
Schreinerarbeiten	315000,00 € · 0,04 =	12600 €
Schlosserarbeiten	315000,00 € · 0,01 =	3150 €
Fliesen- u. Plattenarbeiten	315000,00 € · 0,02 =	6300 €
Fußböden incl. Estrich	315000,00 € · 0,05 =	15750 €
Glaserarbeiten	315000,00 € · 0,07 =	22050 €
Sanit. Install. u. Einrichtung	315000,00 € · 0,04 =	12600 €
Heizung	315000,00 € · 0,095 =	29925 €
Elektroinstallation	315000,00 € · 0,04 =	12600 €
Malerarbeiten	315000,00 € · 0,02 =	6300 €
Ausst. von Küchen	315000,00 € · 0,06 =	18900 €
Reine Baukosten	315000,00 € · 1,00 =	315000 €

6. Rabatt $= \frac{(2500 - 2425)\,€ \cdot 100\,\%}{2500\,€} = \mathbf{3{,}0\ \%}$

7. Verkaufspreis $= \frac{118\,\% \cdot 12{,}50\,€}{100\,\%} = \mathbf{14{,}75\ €}$

8. Honorar $= \frac{8{,}3\,\% \cdot 750000\,€}{100\,\%} = \mathbf{62\ 250\ €}$

9. Fläche eines Brettes: $0{,}12\ \text{m} \cdot 3{,}6\ \text{m} = 0{,}432\ \text{m}^2$

Bretteranzahl $n = \frac{112\ \% \cdot 215\ \text{m}^2}{100\ \% \cdot 0{,}432\ \text{m}^2} = \mathbf{558\ Stück}$

10. Bedarf $= \frac{110\ \% \cdot 65{,}63\ \text{m}^2}{100\ \%} = 72{,}19\ \text{m}^2$, d. h., $\mathbf{0{,}19\ m^2}$ sind nachzubestellen

11. Tagesleistung: $8 \cdot 80\ \text{m}^3 = 640\ \text{m}^3$

Nutzungsgrad eines Baggers $= \frac{100\ \% \cdot 480\ \text{m}^3}{640\ \text{m}^3} = \mathbf{75\ \%}$

12. Kostensteigerung $p = \frac{(1376000 - 1067500)\,€ \cdot 100\,\%}{1067500\,€} = \mathbf{28{,}9\ \%}$

13. Bruttolohn $= \frac{100\,\% \cdot 1326{,}50\,€}{68\,\%} = \mathbf{1950{,}74\ €}$

14. Zinsen $= \frac{10{,}25\,\% \cdot 9000\,€}{100\,\%} = \mathbf{922{,}50\ €}$

15. Stundenlöhne vor und nach einer Lohnerhöhung

	vor der Lohnerhöhung	**nach** der Lohnerhöhung
Vorarbeiter	$\frac{100\,\% \cdot 0{,}65\,€/\text{h}}{6{,}5\,\%} = \mathbf{10\ €/h}$	(20 + 0,65) €/h = **20,65 €/h**
Maurer	$\frac{100\,\% \cdot 0{,}59\,€/\text{h}}{6{,}5\,\%} = \mathbf{9{,}08\ €/h}$	(9,08 + 0,59) €/h = **9,67 €/h**
Hilfsarbeiter	$\frac{100\,\% \cdot 0{,}52\,€/\text{h}}{6{,}5\,\%} = \mathbf{8\ €/h}$	(8 + 0,52) €/h = **8,52 €/h**
Auszubildender	$\frac{100\,\% \cdot 0{,}20\,€/\text{h}}{6{,}5\,\%} = \mathbf{3{,}08\ €/h}$	(3,08 + 0,20) €/h = **3,28 €/h**

16. Erdaushub, Differenz: 192,50 € – 113 € = 79,50 €

$$\text{Erhöhung} = \frac{79{,}50\,€ \cdot 100\,\%}{113\,€} = \mathbf{70{,}35\ \%}$$

Fundamentboden, Differenz: 650 € – 525 € = 125 €

$$\text{Erhöhung} = \frac{125\,€ \cdot 100\,\%}{525\,€} = \mathbf{23{,}81\ \%}$$

Stahlbeton, Differenz: 360 € – 350 € = 10 €

$$\text{Erhöhung} = \frac{10\,€ \cdot 100\,\%}{350\,€} = \mathbf{2{,}86\ \%}$$

Mauerwerk, Differenz: 1275 € – 1125 € = 150 €

$$\text{Erhöhung} = \frac{150\,€ \cdot 100\,\%}{1125\,€} = \mathbf{13{,}33\ \%}$$

17. Bruttomonatslohn (Prozentangaben als dezimale Faktoren)

normale Arbeitsstunden	192 h · 9,50 € =	1824,00 €
Nachtzuschlag	0,11 · 9,50 € · 8 h =	8,36 €
Sonntagszuschlag	0,50 · 9,50 € · 16 h =	76,00 €
Überstundenzuschlag	0,25 · 9,50 € · 32 h =	76,00 €
Erschwerniszuschlag	0,06 · 9,50 € · 18 h =	10,26 €
	gesamt	**1994,62 €**

18. Rechnungsbeträge ohne Mehrwertsteuer (zurzeit 19 %)

gegebene Beträge ≙ 119 %

Rohbau	296 970 € · 100 %/119 % =	249 554,62 €
Ausbau	570 114 € · 100 %/119 % =	479 087,39 €
Außenanlagen	63 384 € · 100 %/119 % =	53 263,87 €

19. Bruttolohn eines Zimmerers

gegebener Betrag ≙ 62 % (Nettolohn = 1178 €)

gesuchter Betrag ≙ 100 % (Bruttolohn)

$$\text{Bruttolohn} = \frac{1178\,€ \cdot 100\,\%}{62\,\%} = \mathbf{1900\ €}$$

20. Fundamente eines Wohnhauses

14,000 m^3 ≙ 94 %

Betonvolumen ≙ 100 %

$$\text{Betonvolumen} = \frac{14{,}0\ m^3 \cdot 100\,\%}{94\,\%} = \mathbf{14{,}894\ m^3}$$

21. Baustoffrechnung

14 764,50 € ≙ 96,5 %

Rechnungsbetrag ≙ 100 %

$$\text{Rechnungsbetrag} = \frac{14764{,}50\,€ \cdot 100\,\%}{96{,}5\,\%} = \mathbf{15\,300\,€}$$

22. Fliesenbedarf

23,97 m^2 ≙ 94 %

Fliesenbedarf ≙ 100 %

$$\text{Fliesenbedarf} = \frac{23{,}97\ m^2 \cdot 100\,\%}{94\,\%} = \mathbf{25{,}5\ m^2}$$

23. Altersrente eines Betonbauers

1366,75 € ≙ 97 %

Monatslohn ≙ 100 %

$$\text{Monatslohn} = \frac{1366{,}75\,€ \cdot 100\,\%}{71\,\%} = \mathbf{1925\,€}$$

24. Rechnungsüberprüfung

267 018 € ≙ 115 %

Angebot ≙ 100 % (**vor** Lohnerhöhung und weniger Material)

$$\text{Rechnung vor Lohnerhöhung} = \frac{267018\,€ \cdot 112\,\%}{115\,\%} = \mathbf{260\,052{,}31\,€}$$

267 018 € ≙ 115 %

Rechnung ≙ 103 % (bei kleinerem Bauwerk und nach Lohnerhöhung)

$$\text{Rechnung} = \frac{267018\,€ \cdot 103\,\%}{115\,\%} = \mathbf{239155{,}25\,€}$$

25. Baustoffpreise

3000 € ≙ 1,5 %; ursprünglicher Preis ≙ 100 %

$$\text{ursprünglicher Preis} = \frac{3000\,€ \cdot 100\,\%}{1{,}5\,\%} = \mathbf{200000\,€}$$

200 000 € ≙ 100 %

12 000 € ≙ Rabatt % (Differenz aus 200 000 € – 188 000 €)

$$\text{Rabatt} = \frac{12000\,€ \cdot 100\,\%}{200000\,€} = \mathbf{6\,\%}$$

26. Betonfertigteile

35 700 € ≙ 238 %

Einkaufspreis ≙ 100 %

$$\text{Rabatt} = \frac{35700\,€ \cdot 100\,\%}{238\,\%} = \mathbf{15000\,€}$$

27. Bankkredit

40 000 € ≙ 100 %

Zinsen pro Jahr ≙ 12,25 %

$$\text{Zinsen} = \frac{40000\,€ \cdot 12{,}25\,\%}{100\,\%} = 4900\,€$$

Kredit nach Tilgung: 40 000 € - 22 500 € = 17 500 €

17 500 € ≙ 100 %

Zinsen pro Jahr ≙ 13 %

$$\text{Zinsen} = \frac{17500\,€ \cdot 13\,\%}{100\,\%} = 2275\,€$$

Verminderung der jährlichen Zinsbelastung: 4900 € - 2275 € = **2625 €**

28. Mauerwerksarbeiten im Vergleich

8 Stunden (h) 100 %

3 Stunden (h) Zeitersparnis (%)

$$\text{Zeitersparnis} = \frac{3\,\text{h} \cdot 100\,\%}{8\,\text{h}} = \mathbf{37{,}5\,\%}$$

29. Baustoffartikel

Zusammen kosten beide Artikel 105 € + 70 € = 175 €

nach Abzug des Rabatts: 175 € – 35 € = 140 €

140 € verteilen sich ebenso wie die 35 € zu 2 Teilen auf den 1. Artikel und zu 1 Teil auf den 2. Artikel, somit müssen die Kosten und der Rabatt jeweils durch 3 (Teile) dividiert werden.

<u>1. Artikel</u> Kosten 140 €/3 · 2 = 93,33 €

Rabatt 35 €/3 · 2 = 23,33 €

93,33 € ≙ 100 %

23,33 € ≙ Rabatt 1. Artikel (%)

$$\text{Rabatt 1. Artikel: } \frac{23{,}33\,€ \cdot 100\,\%}{93{,}33\,€} = \mathbf{25\,\%}$$

<u>2. Artikel</u>

Rabatt: 35 €/3 = 11,67 €

93,33 € ≙ 100 %

11,67 € ≙ Rabatt 2. Artikel (%)

$$\text{Rabatt 2. Artikel: } \frac{11{,}67\,€ \cdot 100\,\%}{93{,}33\,€} = \mathbf{12{,}5\,\%}$$

6.5 Der Lehrsatz des Pythagoras

1. Beispiele für Zahlengruppen im Verhältnis 3:4:5

30 cm / 40 cm / 50 cm; 60 cm / 80 cm / 100 cm

1,20 m / 1,60 m / 2,00 m; 2,4 m / 3,2 m / 4,0 m

2. Diagonale im Rechteck

$d = \sqrt{22{,}1^2 + 11{,}5^2} = \mathbf{24{,}91\ m}$ $d = \sqrt{18{,}7^2 + 13{,}4^2} = \mathbf{23{,}01\ m}$

3. Seitenlänge im Rechteck

$l = \sqrt{33{,}2^2 - 15{,}3^2} = \mathbf{29{,}46\ m}$ $l = \sqrt{28{,}3^2 - 12{,}2^2} = \mathbf{25{,}54\ m}$

4. Satteldach Sparrenlänge; es gilt: $g = b/2$

$l = \sqrt{3{,}5^2 + 5{,}4^2} = \mathbf{6{,}44\ m}$ $l = \sqrt{4{,}2^2 + 6{,}2^2} = \mathbf{7{,}49\ m}$

5. Höhe in einem Satteldach

$h = \sqrt{7{,}2^2 - 4{,}8^2} = \mathbf{5{,}37\ m}$ $h = \sqrt{6{,}4^2 - 4{,}4^2} = \mathbf{4{,}65\ m}$

6. Sparrenlängen an einer Shedhalle

$l_1 = \sqrt{5{,}4^2 + 4{,}3^2} = \mathbf{6{,}90\ m}$ $l_2 = \sqrt{(8{,}5 - 5{,}4)^2 + 4{,}3^2} = \mathbf{5{,}30\ m}$

$l_1 = \sqrt{4{,}8^2 + 3{,}9^2} = \mathbf{6{,}18\ m}$ $l_2 = \sqrt{(7{,}5 - 4{,}8)^2 + 3{,}9^2} = \mathbf{4{,}74\ m}$

7. Grundstückszaun

schräge Seite: $l = \sqrt{9{,}2^2 + (18{,}0 - 12{,}1)^2} = 10{,}93$ m

Zaunlänge: 12,1 + 18,0 + 9,2 + 10,93 = **50,23 m**

8. Sockellänge eines Raumes, lange Seite: 2 · 2,9 + 0,9 = 6,7 m

Länge einer schrägen Seite: $s = \sqrt{2{,}0^2 + \left(\frac{6{,}7 - 4{,}8}{2}\right)^2} = 2{,}21$ m

$U = [2 \cdot (2{,}21 + 2{,}9 + 1{,}8) + 4{,}8] \cdot 1{,}05 = \mathbf{19{,}55\ m}$

Seite 297

9. Quadrat oder Raute

10. Längen von Stahleinlagen

schräge Länge: $l = \sqrt{0{,}3^2 + 0{,}3^2} = 0{,}42$ m; Stahllänge: 2 · (0,7 + 0,42) + 1,2 = **3,44 m**

schräge Länge $l = \sqrt{0{,}4^2 + 0{,}4^2} = 0{,}57$ m; Stahllänge 0,9 + 0,57 + 1,3 = **2,77 m**

Schräge links $\sqrt{0{,}6^2 + 0{,}6^2} = 0{,}85$ m; rechts: $\sqrt{0{,}3^2 + 0{,}3^2} = 0{,}42$ m

Stahllänge 0,85 + 0,42 + 3 · 0,3 = **2,17 m**

11. Quadrat in einem Stammquerschnitt

$d^2 = a^2 + a^2$; ergibt nach a aufgelöst: $a = d/\sqrt{2} = 35\ \text{cm}/\sqrt{2} = \mathbf{24{,}75\ cm}$

12. Walmdach (Dachneigungswinkel allseitig 45°)

Trapez- und Dreieckshöhe: $h = \sqrt{\left(\frac{8{,}6}{2}\right)^2 + \left(\frac{8{,}6}{2}\right)^2} = 6{,}08\ \text{m}$

Firstlänge: $12{,}4 - 8{,}6 = 3{,}8\ \text{m}$

Dacheindeckungsfläche: $A = \frac{12{,}4 + 3{,}8}{2} \cdot 2 \cdot 6{,}08 + \frac{8{,}6 \cdot 6{,}08}{2} \cdot 2 = \mathbf{150{,}8\ m^2}$

Trapez- und Dreieckshöhe: $h = \sqrt{\left(\frac{7{,}9}{2}\right)^2 + \left(\frac{7{,}9}{2}\right)^2} = 5{,}59\ \text{m}$

Firstlänge: $11{,}4 - 7{,}9 = 3{,}5\ \text{m}$

Dacheindeckungsfläche: $A = \frac{11{,}4 + 3{,}5}{2} \cdot 2 \cdot 5{,}59 + \frac{7{,}9 \cdot 5{,}59}{2} \cdot 2 = \mathbf{127{,}5\ m^2}$

13. Gesamthöhe eines Hauses

Dachhöhe: $h = \sqrt{6{,}3^2 - \left(\frac{7{,}2}{2} + 0{,}6\right)^2} = 4{,}70\ \text{m}$; Gesamthöhe: $4{,}7 + 2{,}65 = \mathbf{7{,}35\ m}$

14. Volumen eines Dammes

Dammlängen unten links: $\sqrt{4{,}8^2 - 2{,}4^2} = 4{,}16\ \text{m}$ rechts: $\sqrt{3{,}6^2 - 2{,}4^2} = 2{,}68\ \text{m}$

Gesamtlänge unten: $4{,}16 + 8{,}5 + 2{,}68 = 15{,}34\ \text{m}$

$V = \frac{15{,}34 + 8{,}5}{2} \cdot 2{,}4 \cdot 840{,}0 = \mathbf{24\,031\ m^3}$

15. Rechteck in einem Viertelkreis; $r = 1{,}7 + 0{,}3 = 2{,}0\ \text{m}$

Höhe des Rechtecks; $h = \sqrt{2{,}0^2 - 1{,}7^2} = 1{,}05\ \text{m}$

Fläche des Rechtecks: $A = 1{,}05 \cdot 1{,}70 = \mathbf{1{,}79\ m^2}$

16. Formel zur Berechnung der Diagonalen d in einem Quadrat

$d^2 = a^2 + a^2$

$d^2 = 2 \cdot a^2$

$d - \sqrt{2 \cdot a^2}$

$d = a \cdot \sqrt{2}$

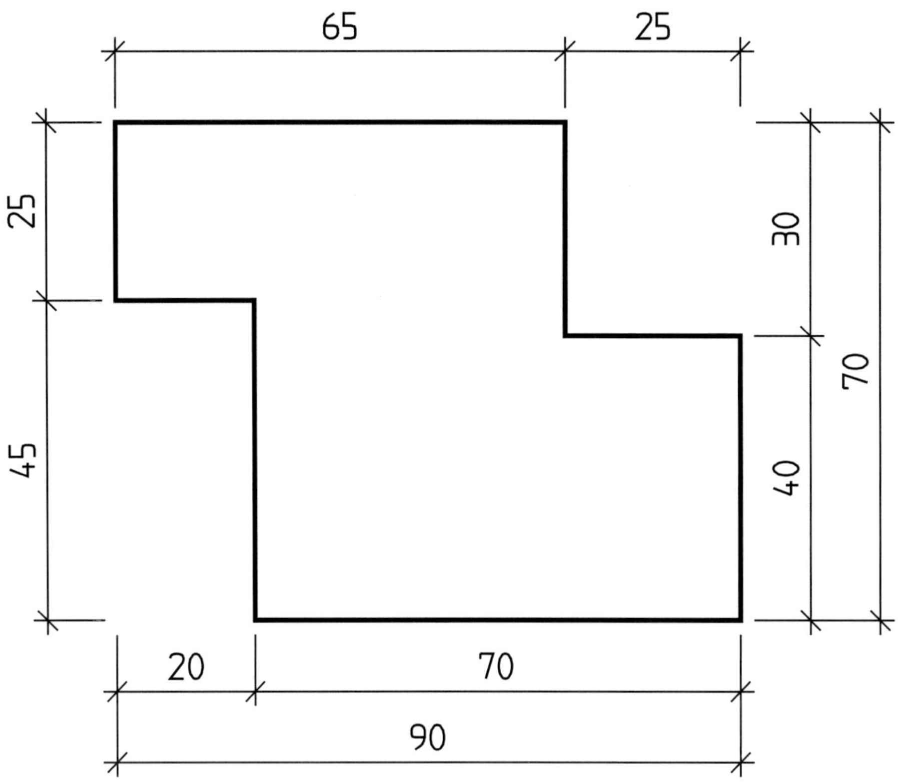

Kantholz gefalzt 1 : 1 - mm

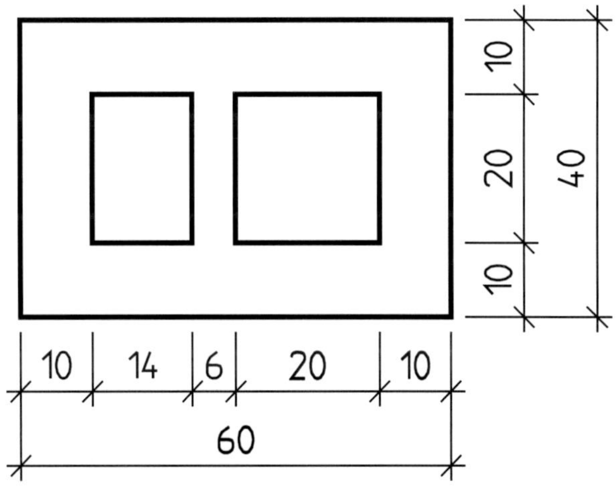

Zweizügiger Kamin 1 : 10 - cm

Bemaßen von Zeichnungen

Seite 305/1

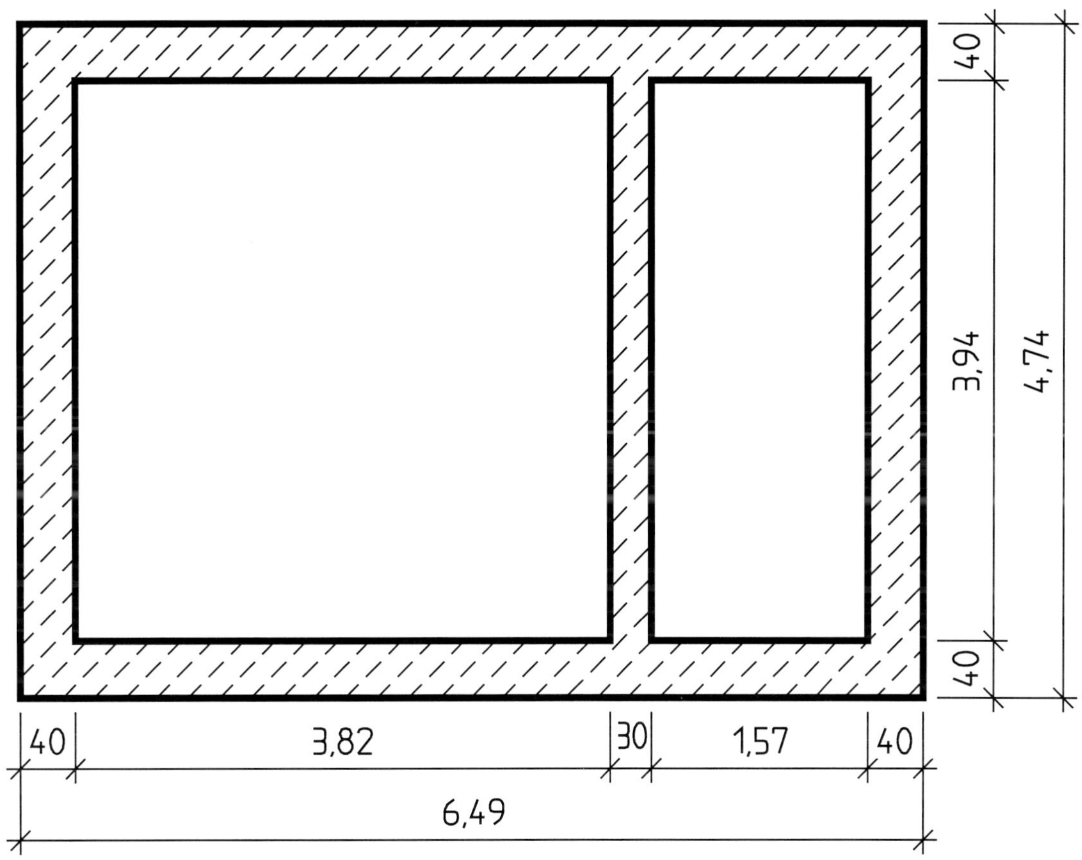

Fundamentplan 1 : 50

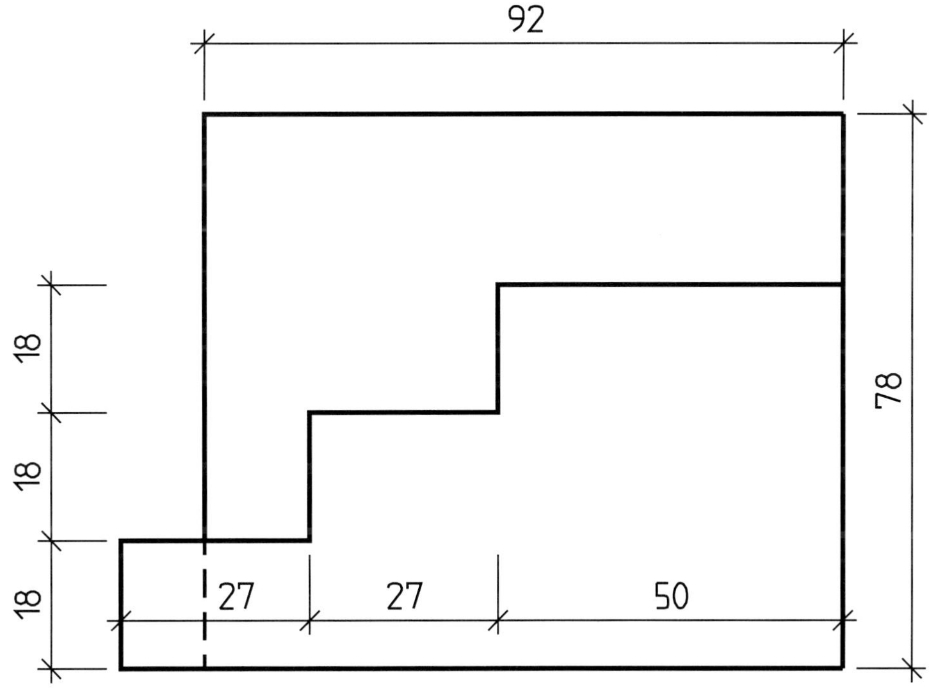

Treppe mit Wangenmauer 1 : 10

	Bemaßen von Zeichnungen			
			Seite 305/2	

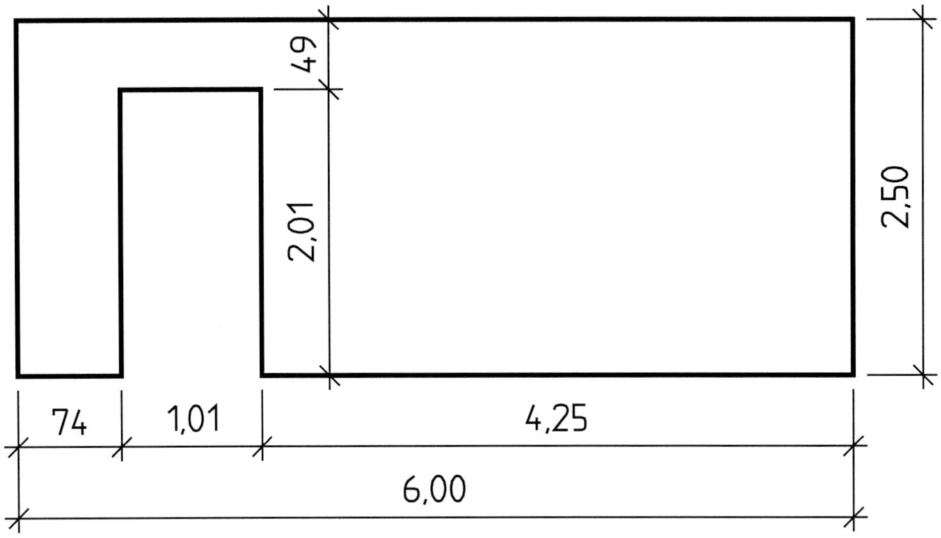

Wohnungstrennwand mit Tür 1: 50

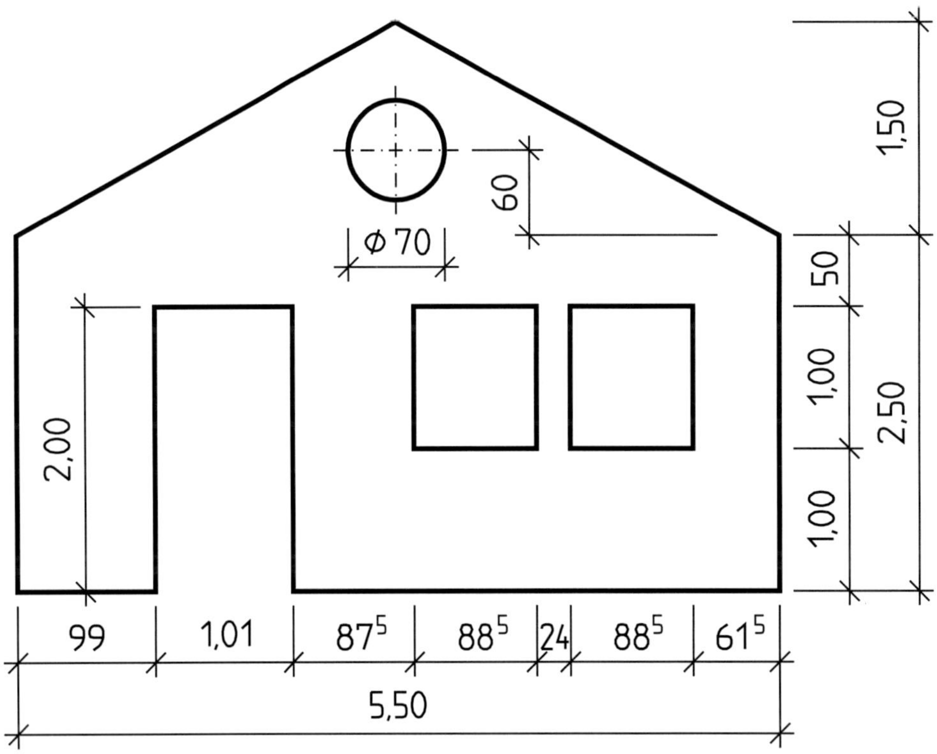

Giebelwand 1 : 50

Bemaßen von Zeichnungen

Seite 305/3

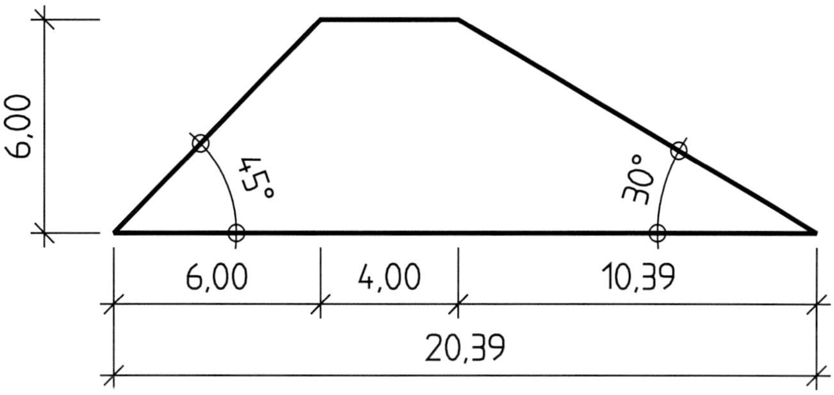

Damm 1:200

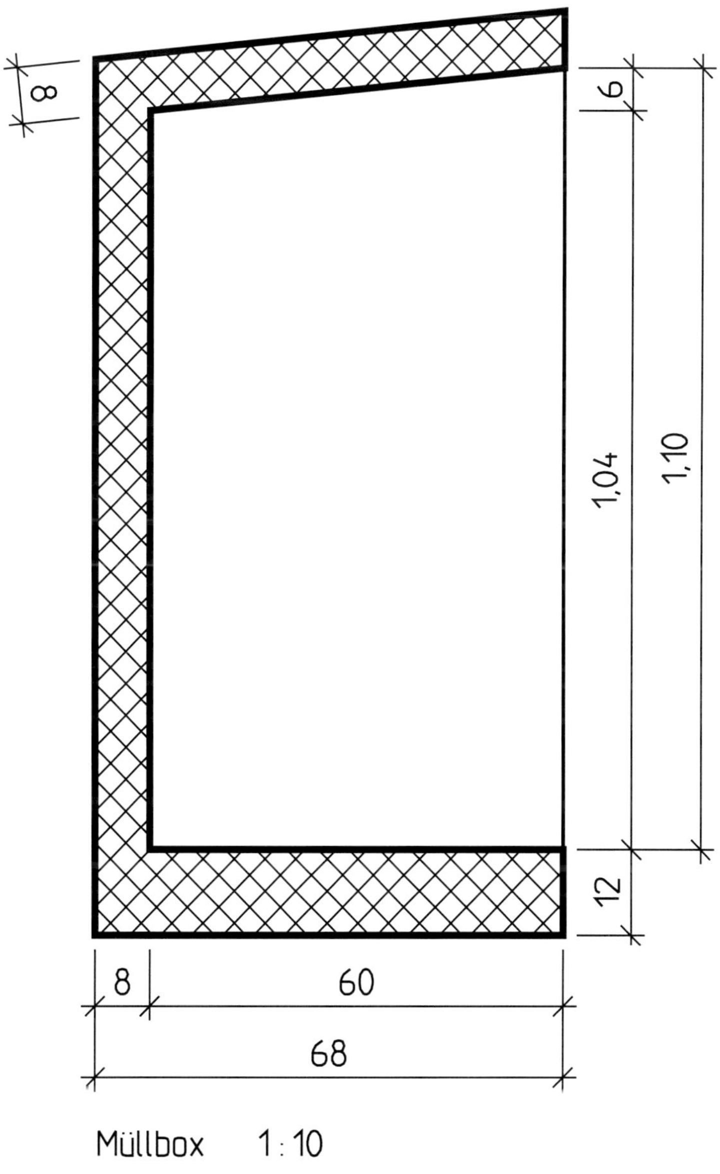

Müllbox 1:10

	Bemaßen von Zeichnungen			
				Seite 305/4

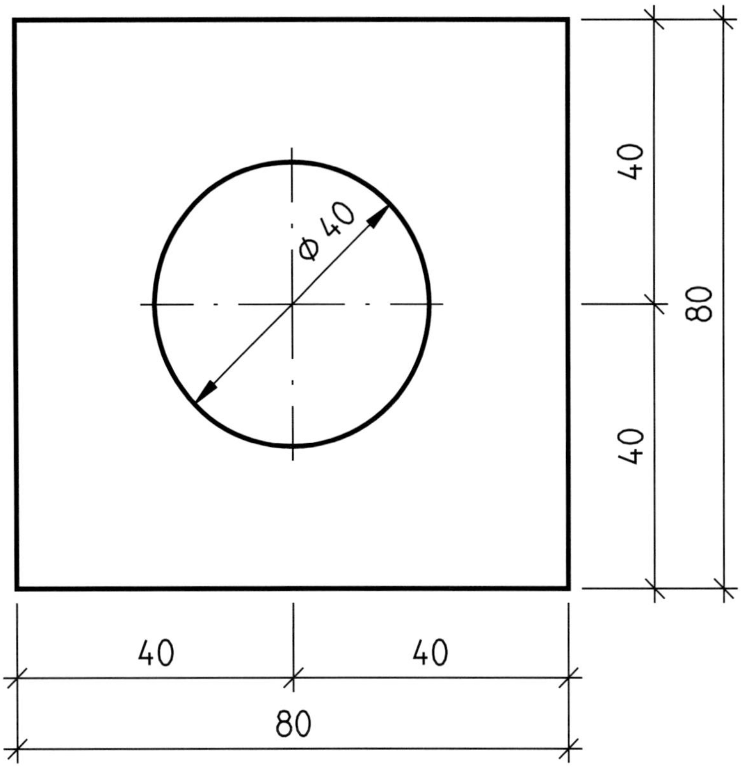

Platte mit runder Aussparung 1:10 - cm

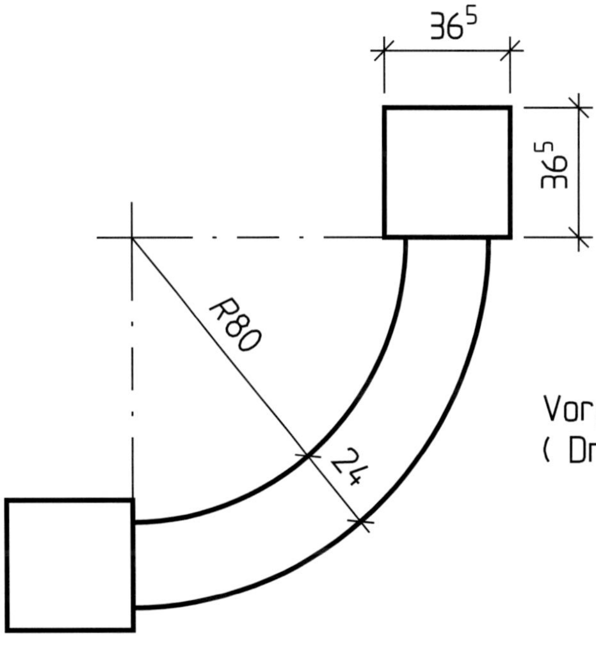

Vorgartenmauer
(Draufsicht) 1:20 - cm

	Bemaßen von Zeichnungen			
			Seite 306/1	

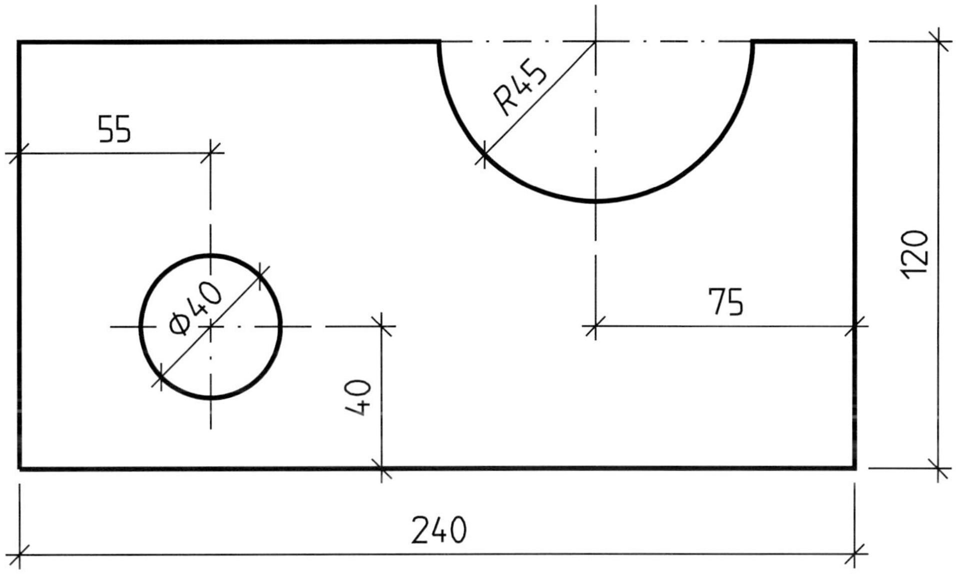

Wandfliese mit Lochung 1 : 2 – mm

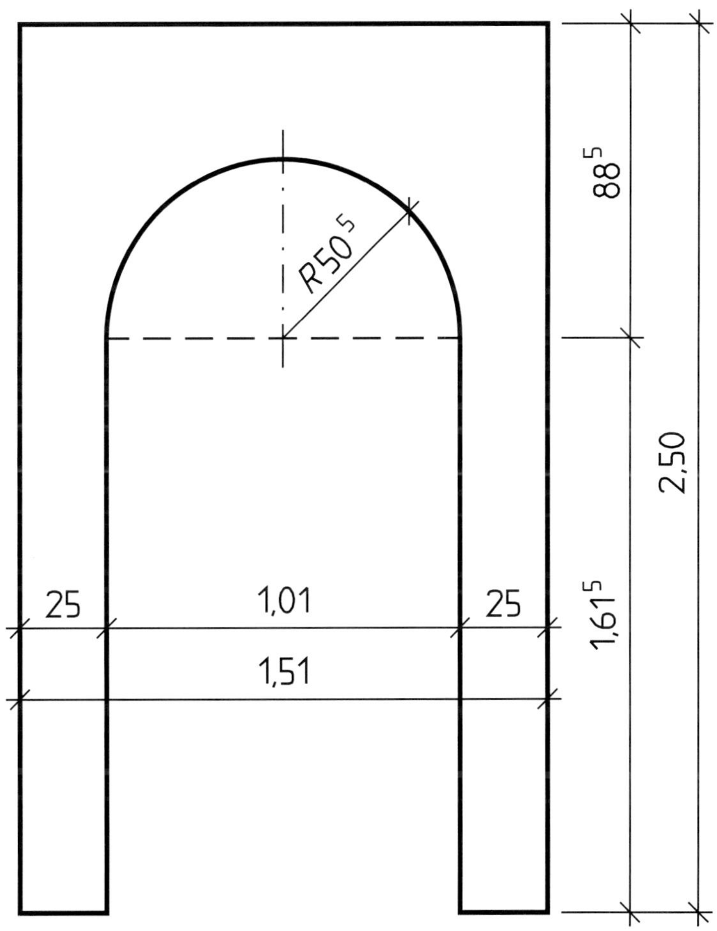

Rundbogentür 1 : 20 – m, cm

Bemaßen von Zeichnungen

Seite 306/2

Wand mit
Öffnungen
1 : 20

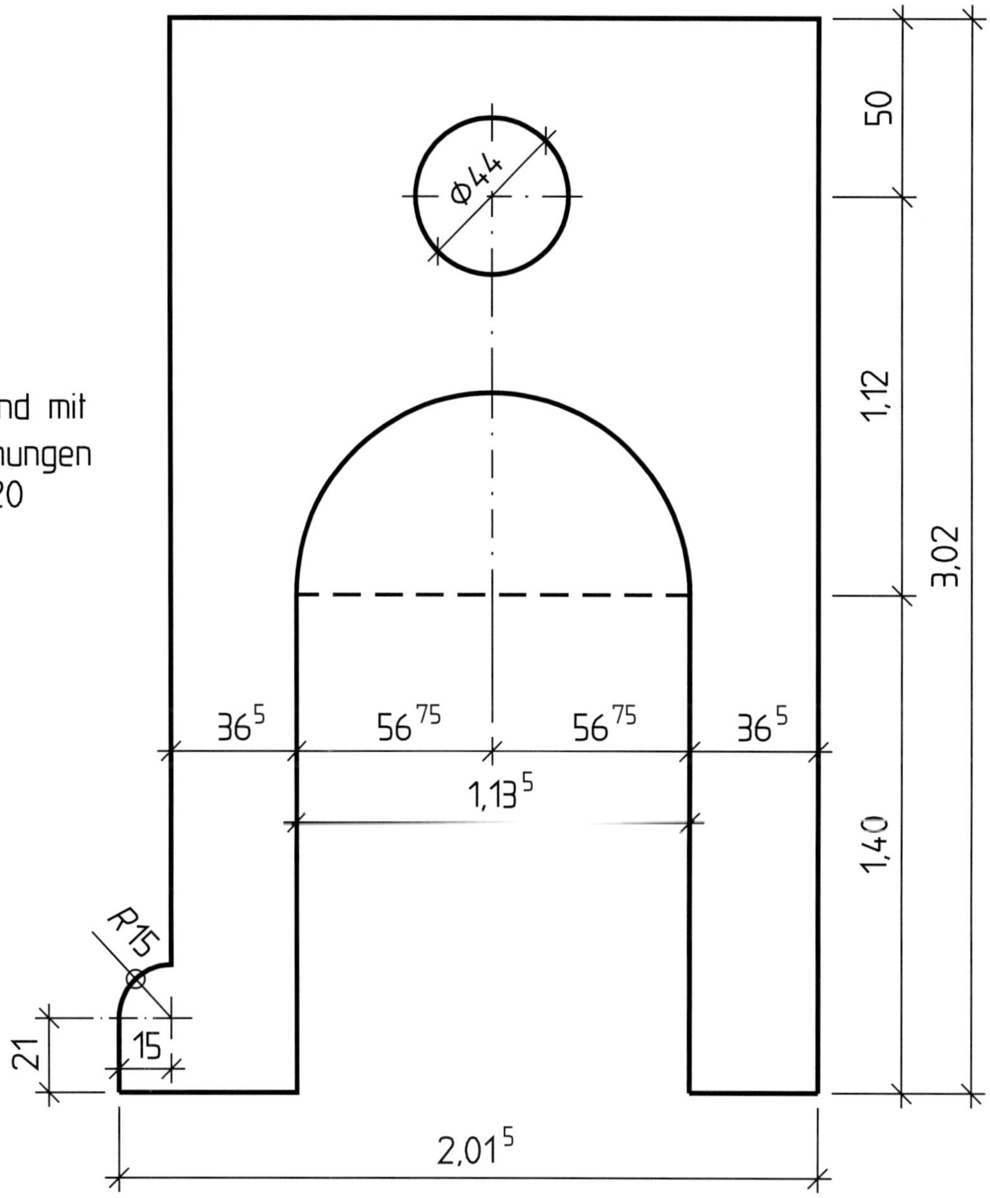

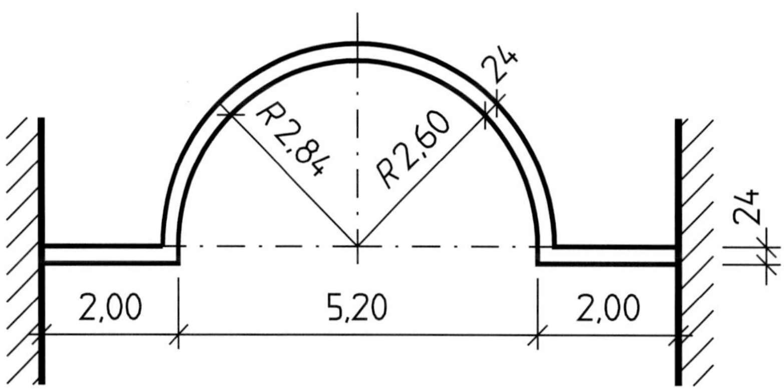

Anschlussmauer 1 : 100

Bemaßen von
Zeichnungen

Seite 306/3

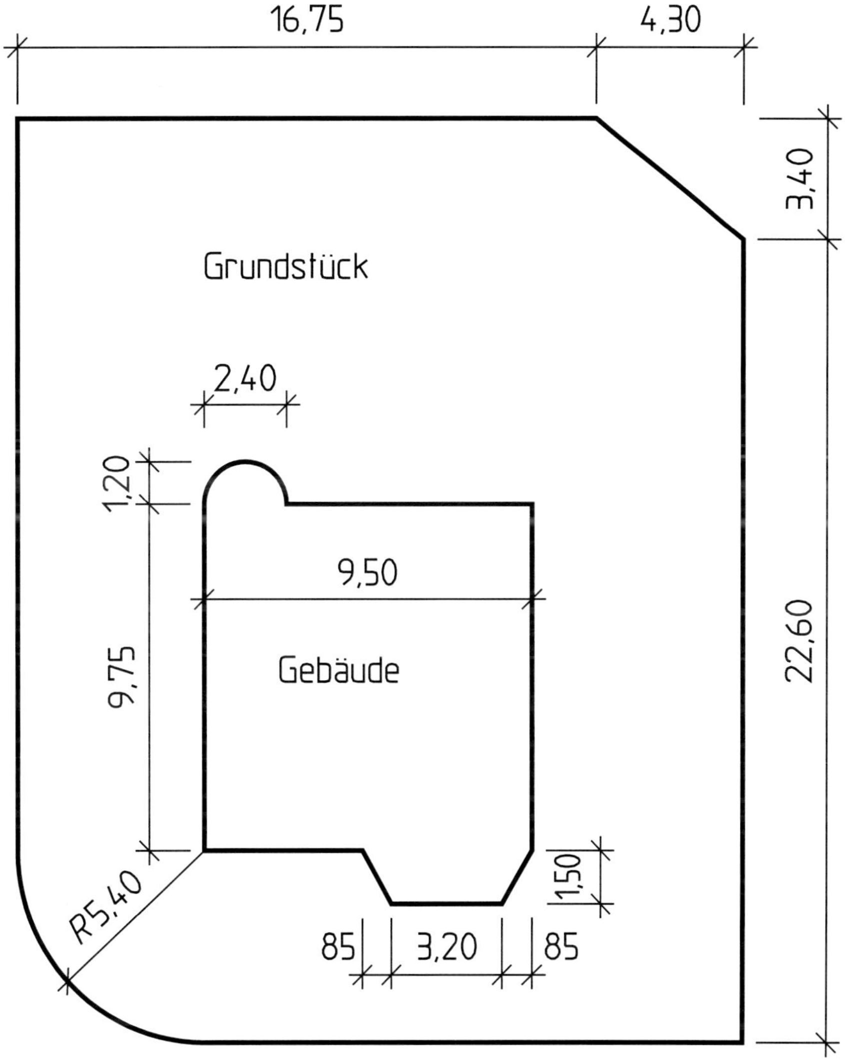

Lageplan 1 : 200

Schachtring
1 : 20

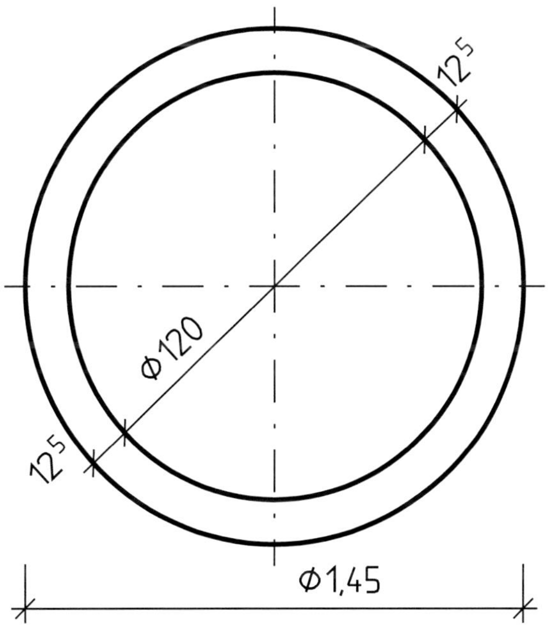

Bemaßen von Zeichnungen

Seite 306/4

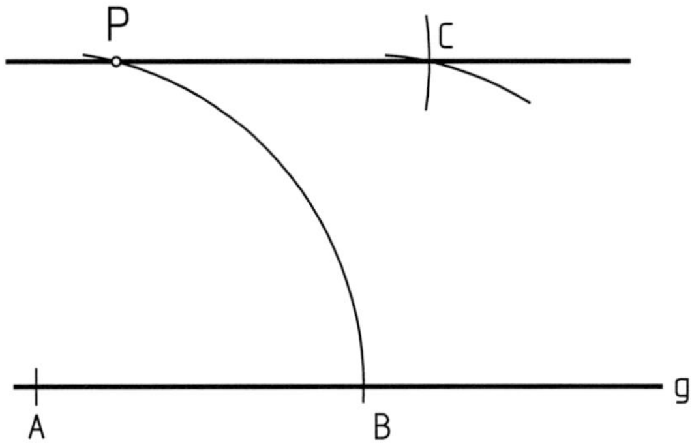

Parallele durch P

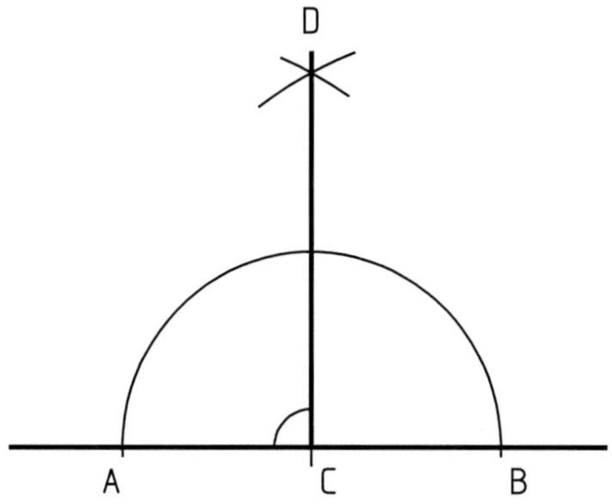

Senkrechte in C

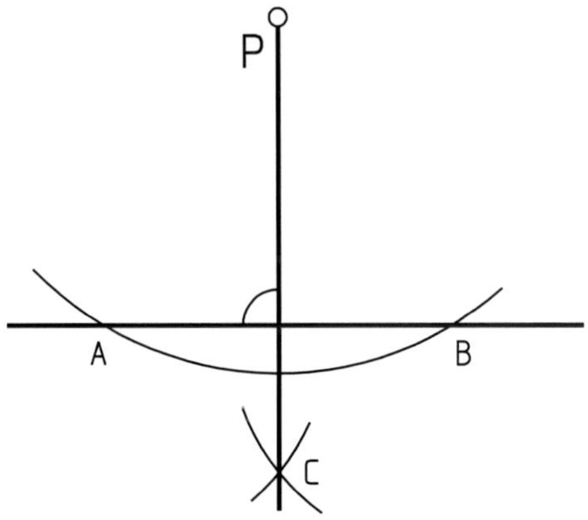

Lotfällen von P

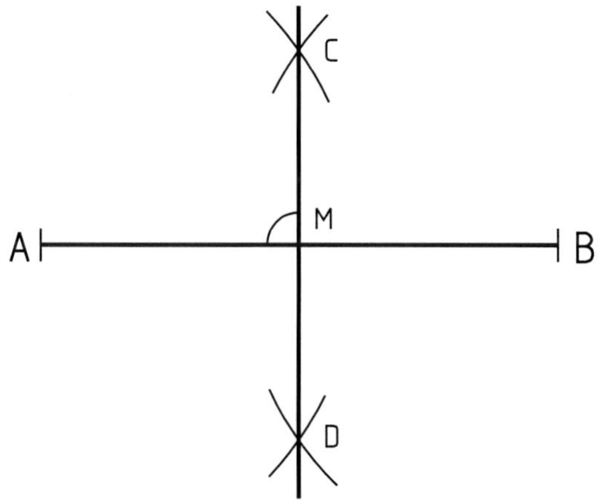

Mittelsenkrechte auf AB

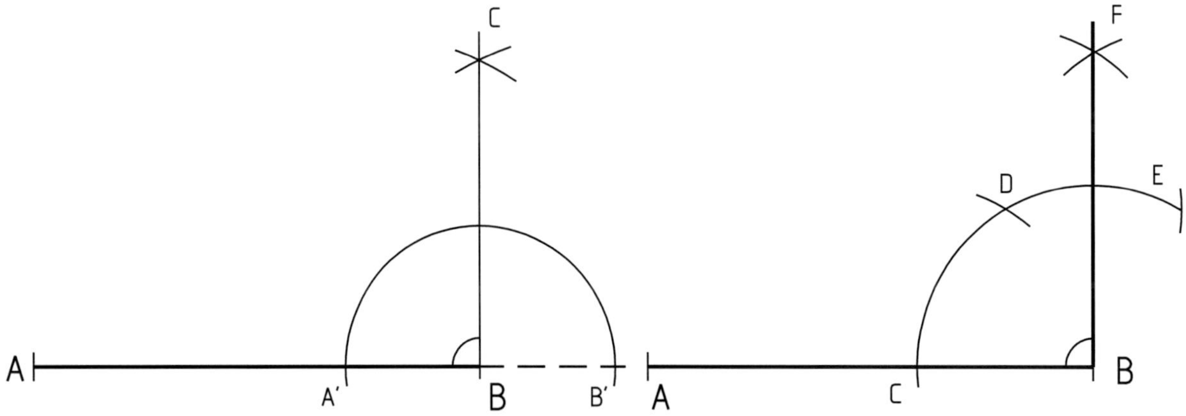

Senkrechte im Endpunkt einer Strecke

	Parallele, Senkrechte			
			Seite 310/1	

Winkelkonstruktionen

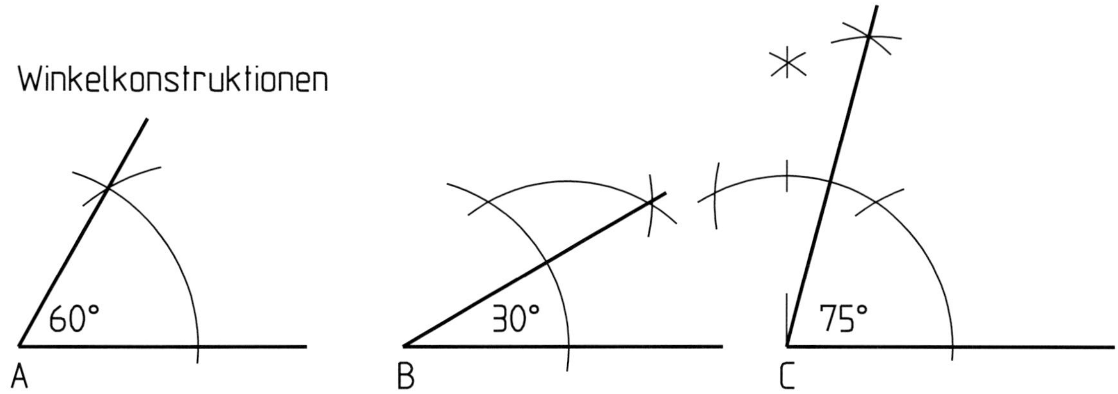

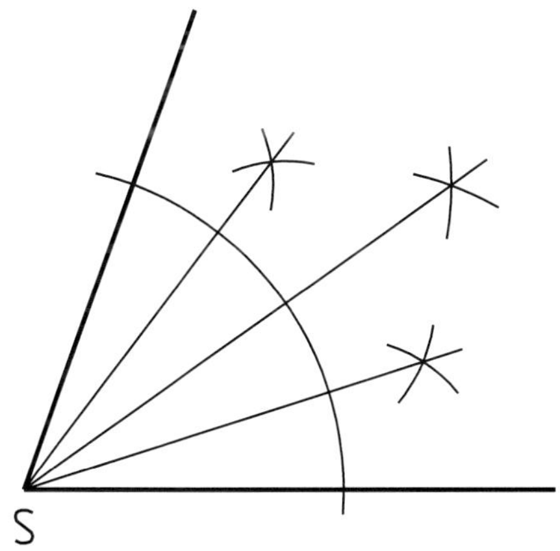

Winkel vierteln

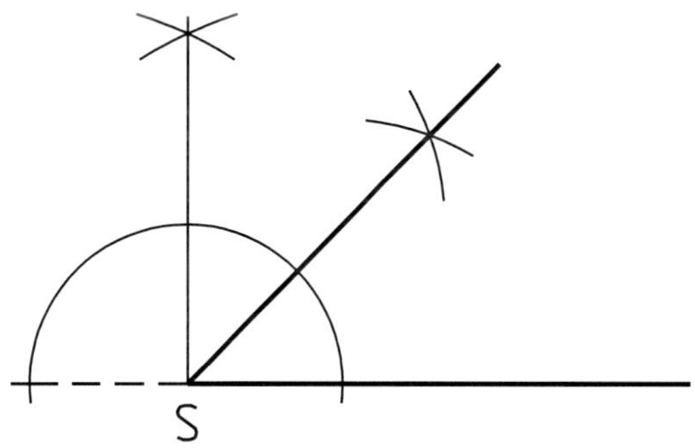

Winkel halbieren

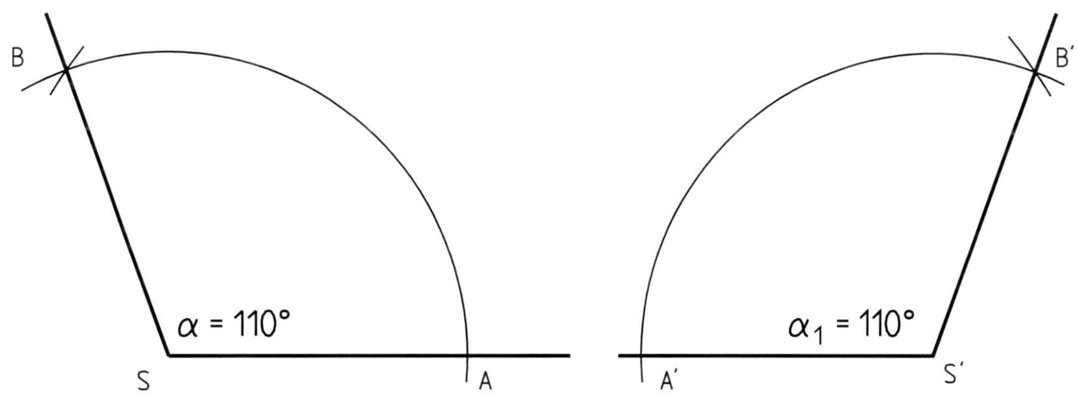

Winkel übertragen

Winkelkonstruktionen	Seite 310/2

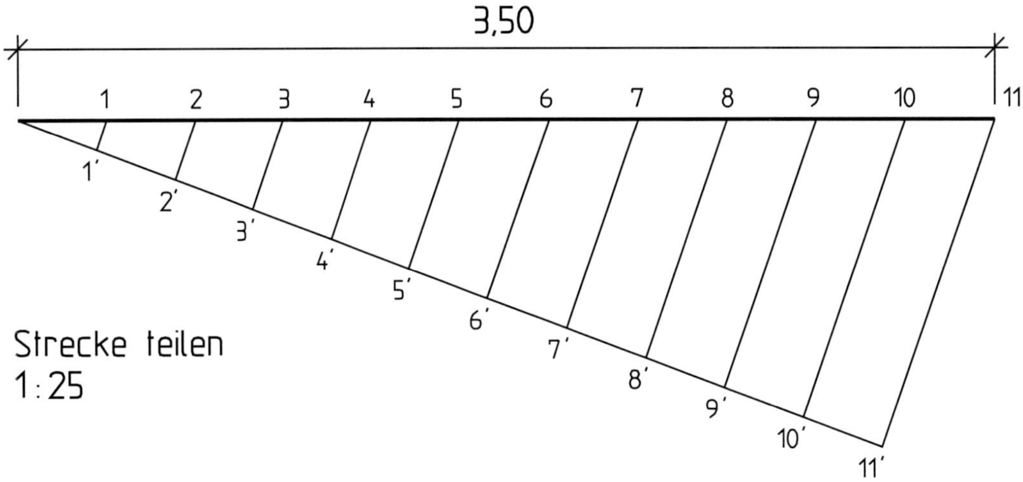

Strecke teilen
1 : 25

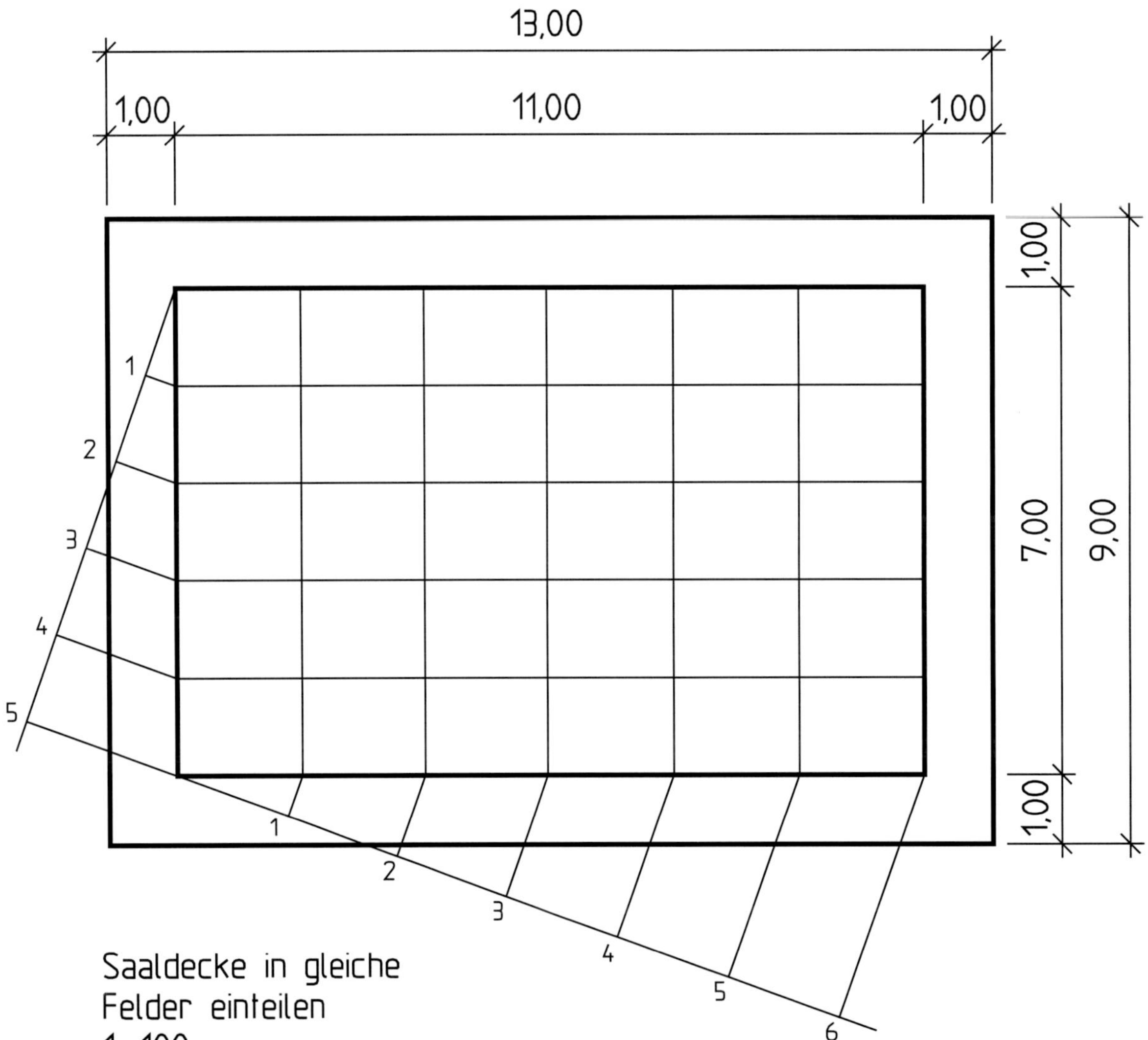

Saaldecke in gleiche
Felder einteilen
1 : 100

		Streckenteilung		
				Seite 310/3

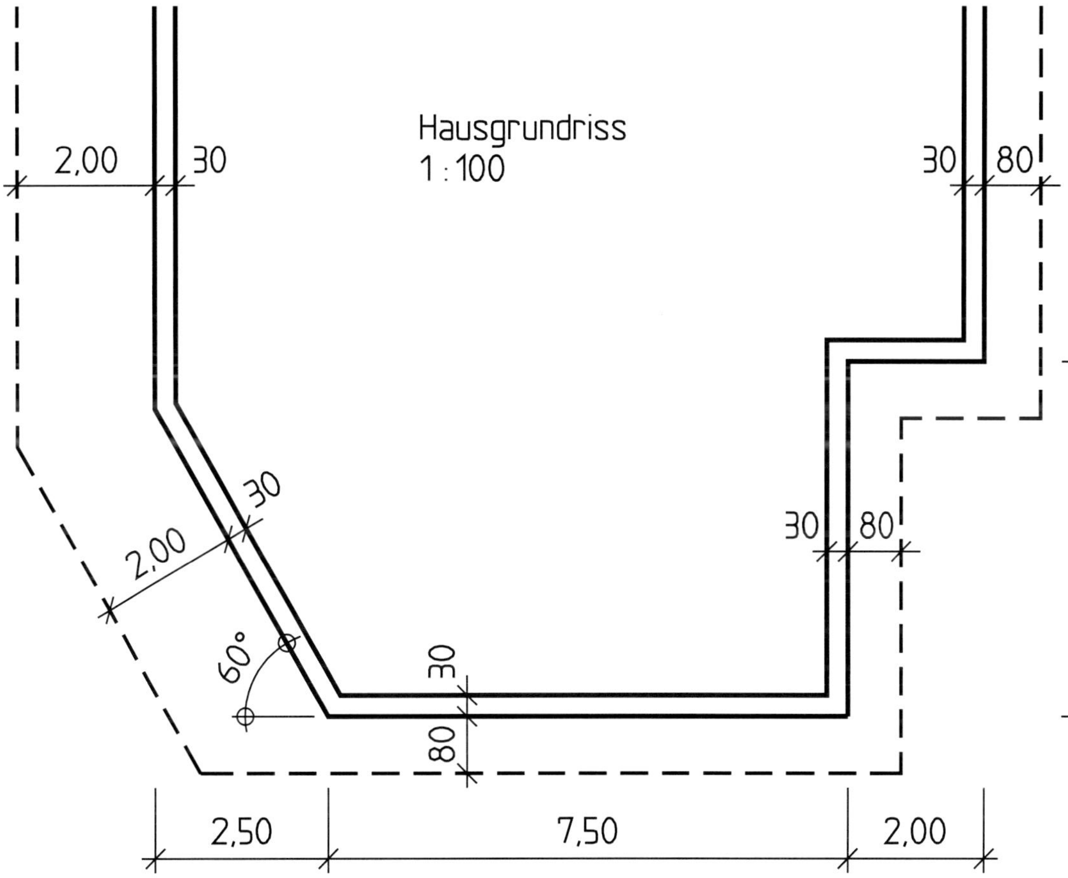

Hausgrundriss
1 : 100

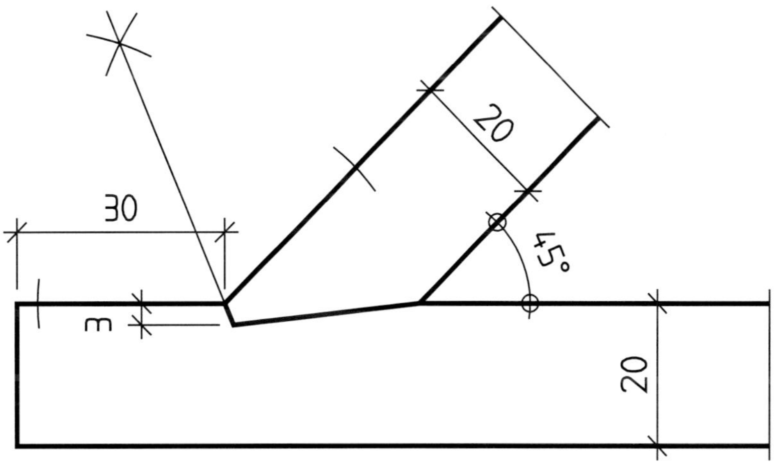

Fußpunkt am Sparrendach
1 : 10

Parallelen u. Winkel

Seite 310/4

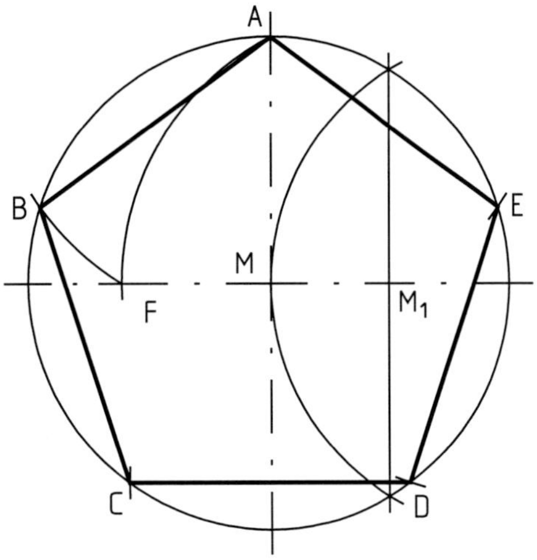

Fünfeck

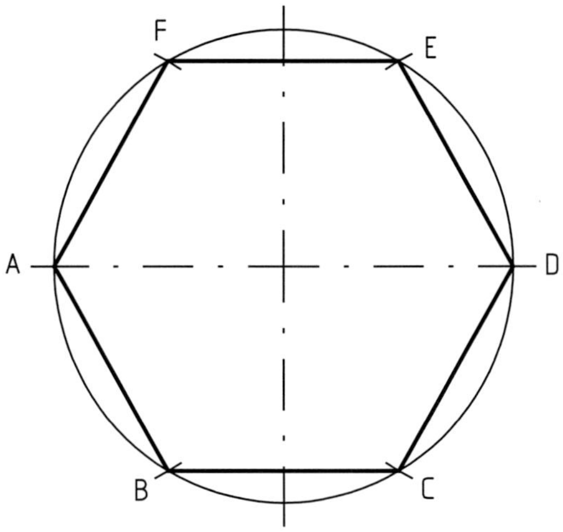

Sechseck

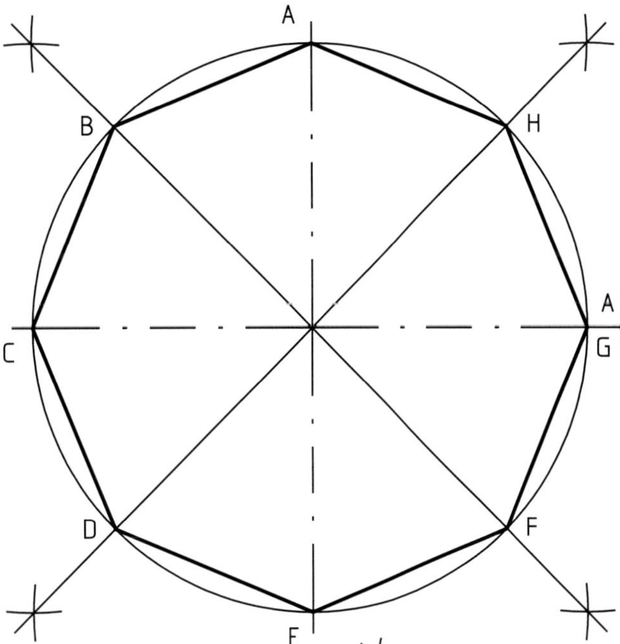

Achteck

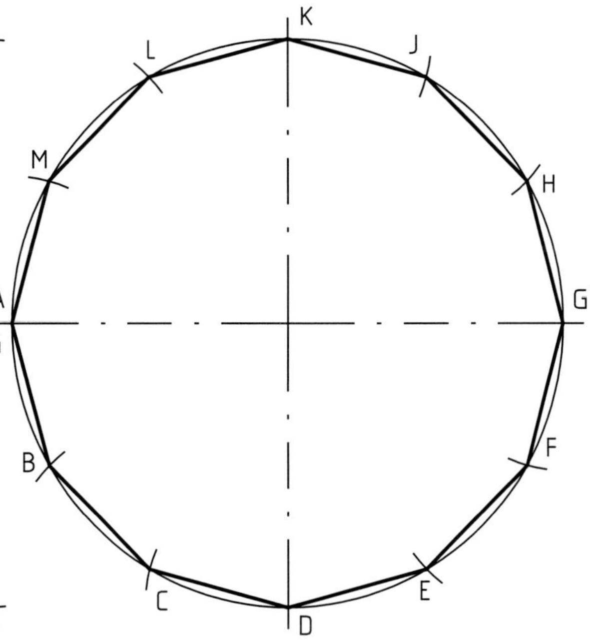

Zwölfeck

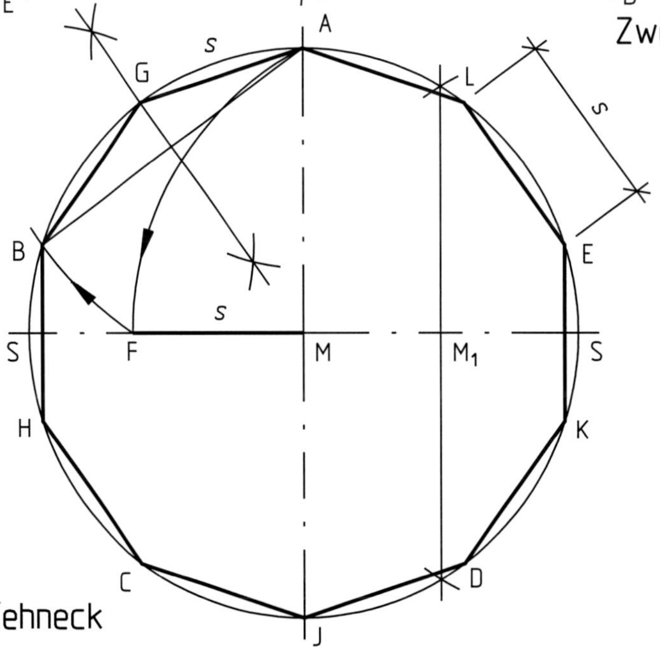

Zehneck

Regelmäßige Vielecke

Seite 312/1

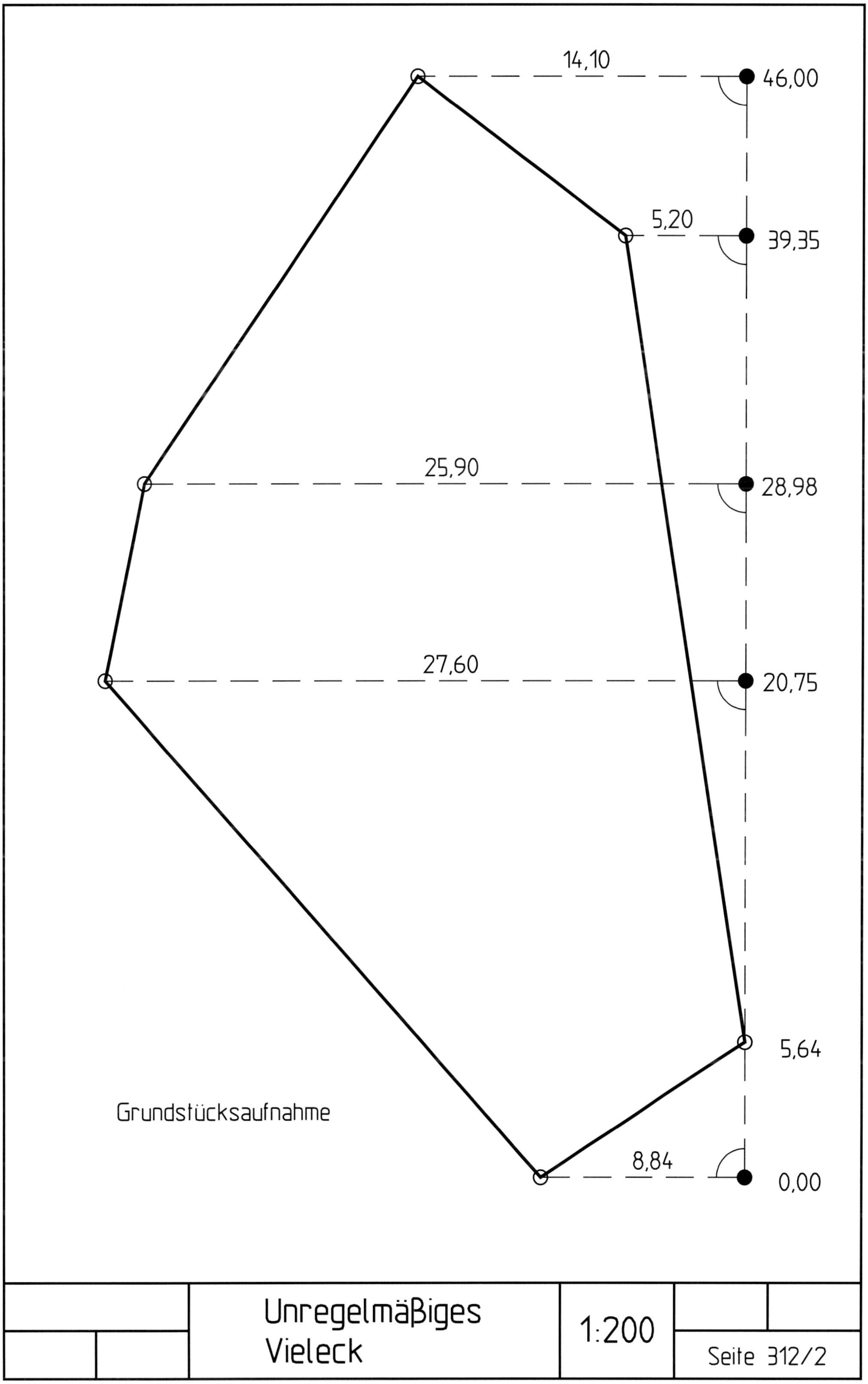
14,10
46,00
5,20
39,35
25,90
28,98
27,60
20,75
5,64
Grundstücksaufnahme
8,84
0,00
Unregelmäßiges Vieleck
1:200
Seite 312/2

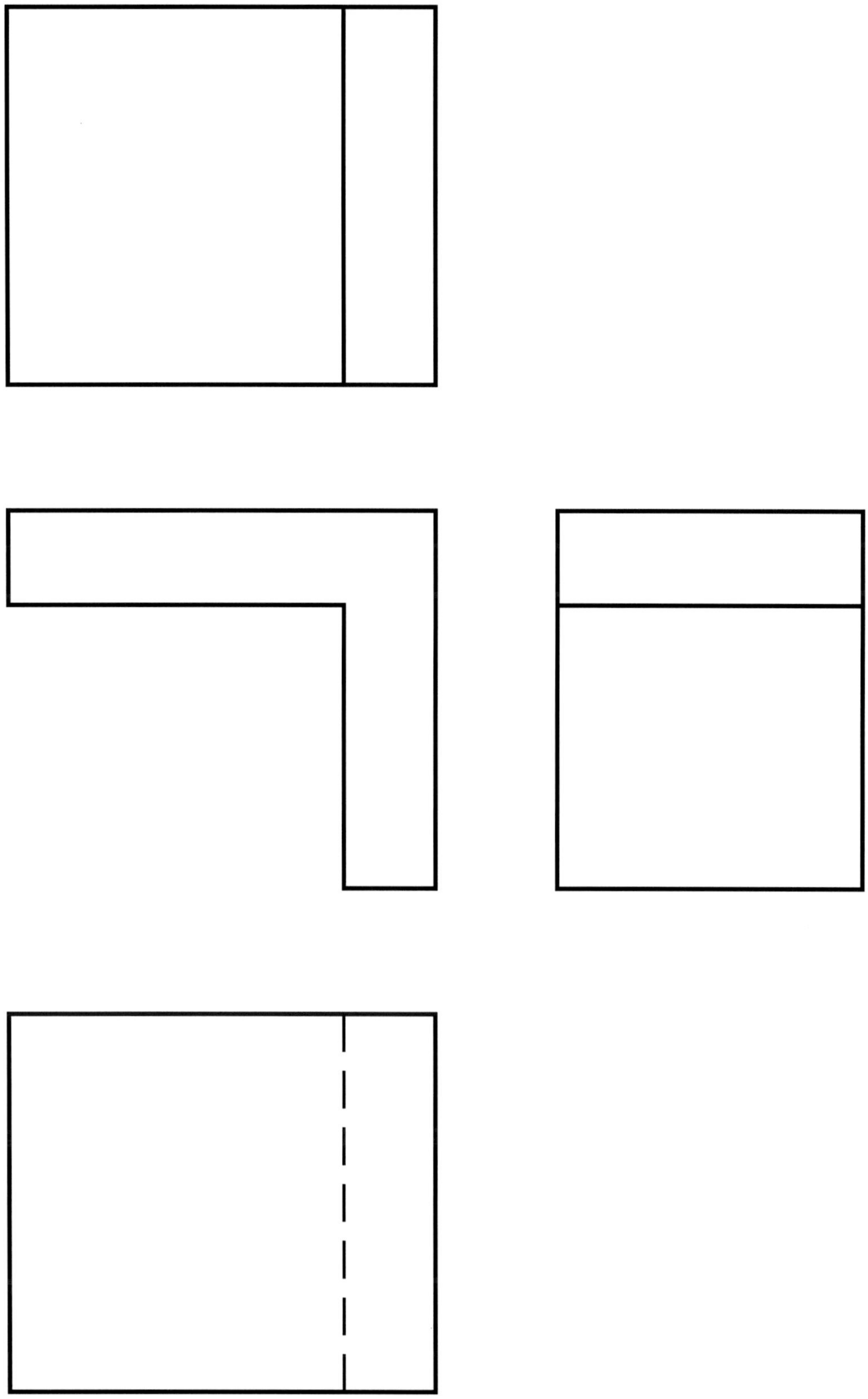

Winkelstein	1 : 10	Seite 314	

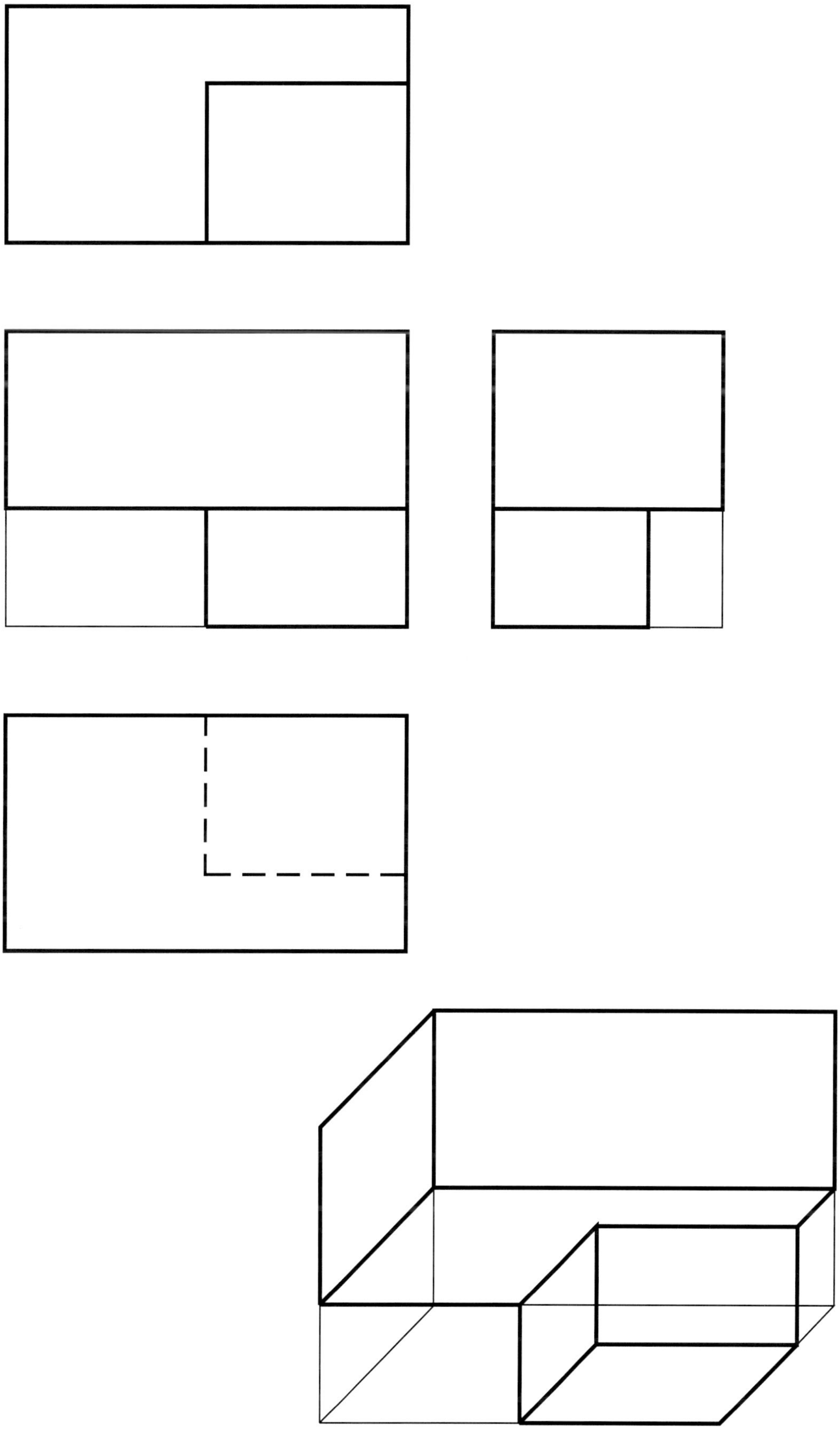

	Gebäudegruppe			Seite 315/1

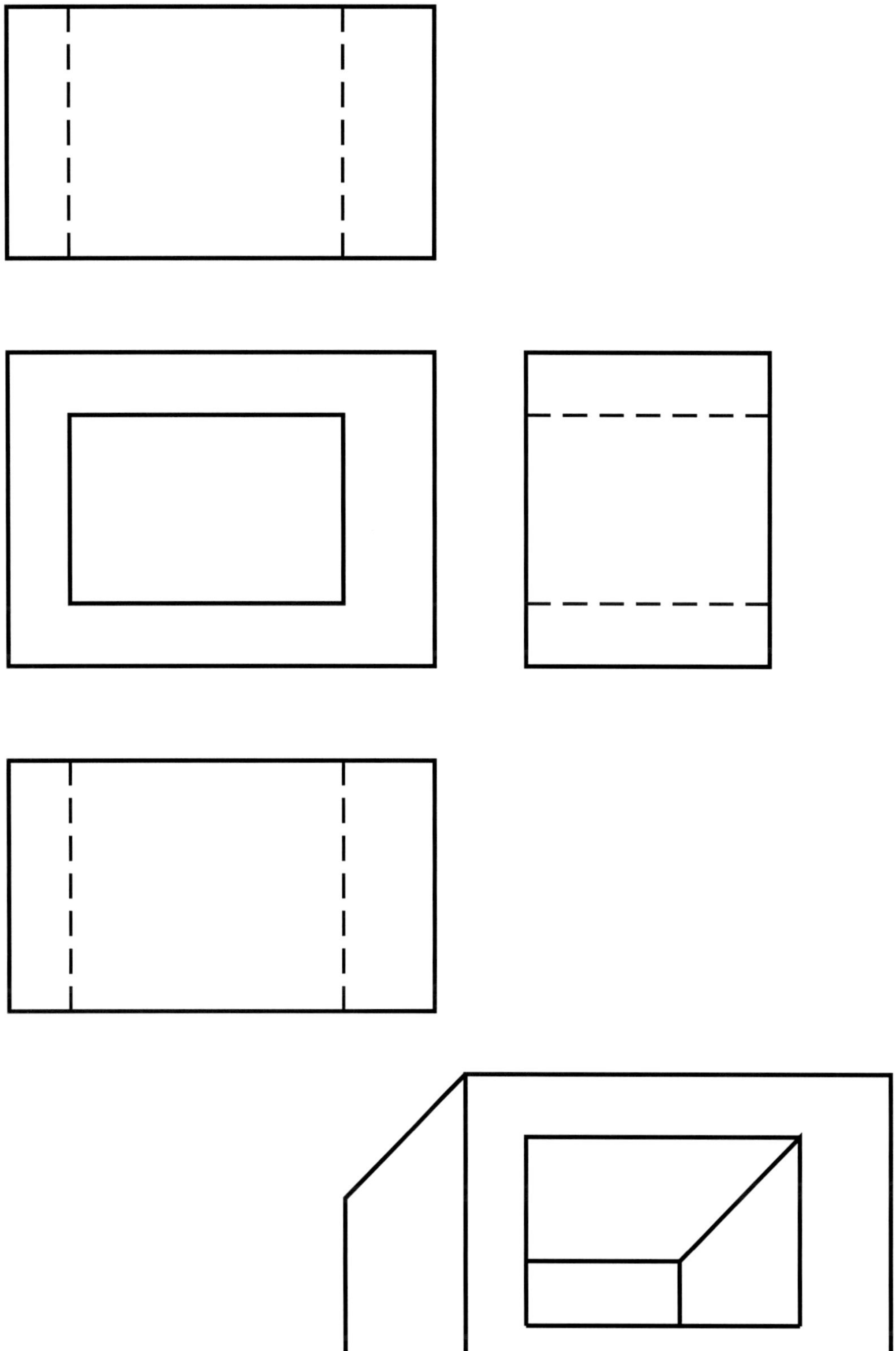

Fertigteil mit Aussparung

Seite 315/2

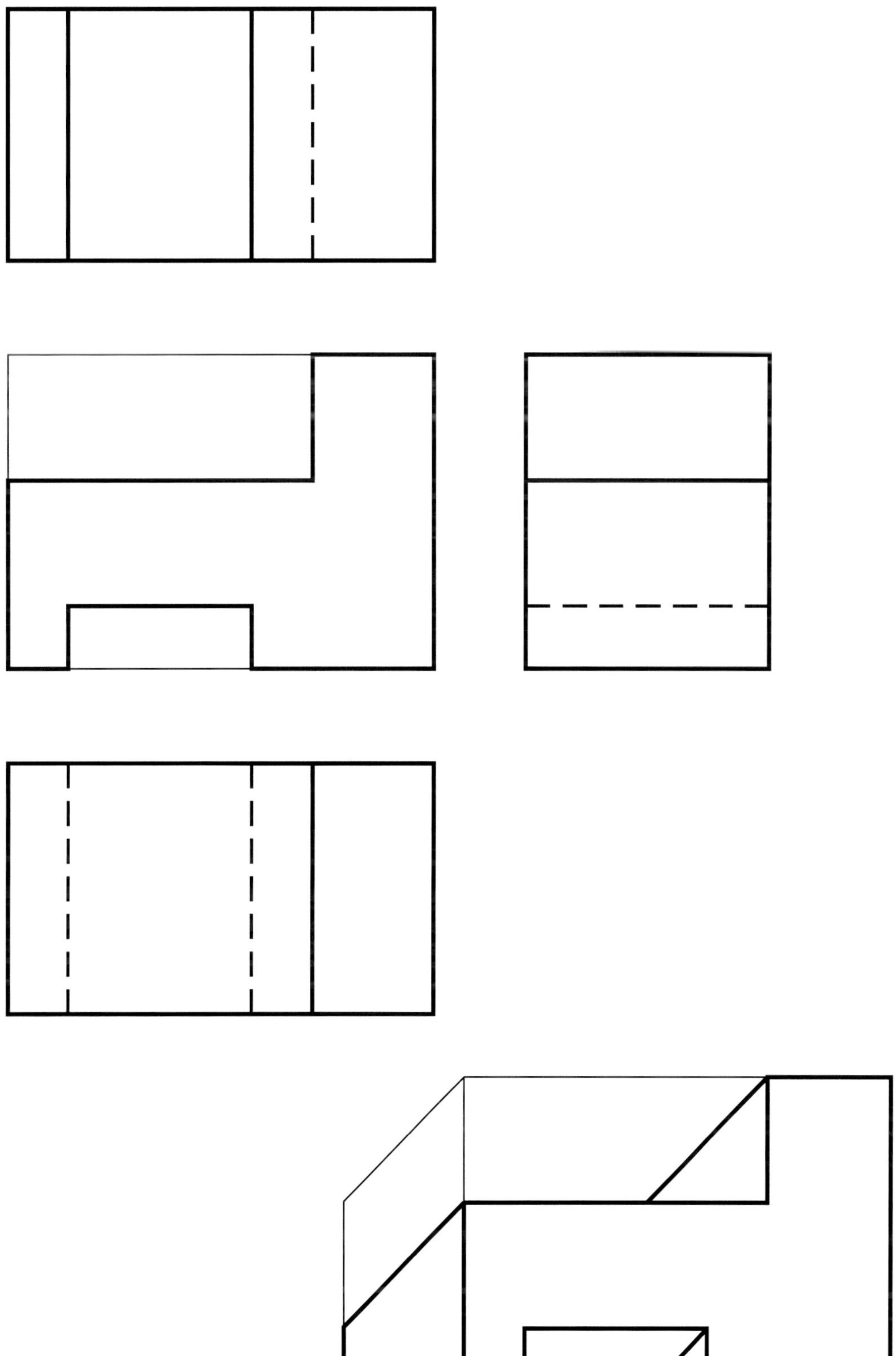

Waagerechter Schlitz

Seite 315/3

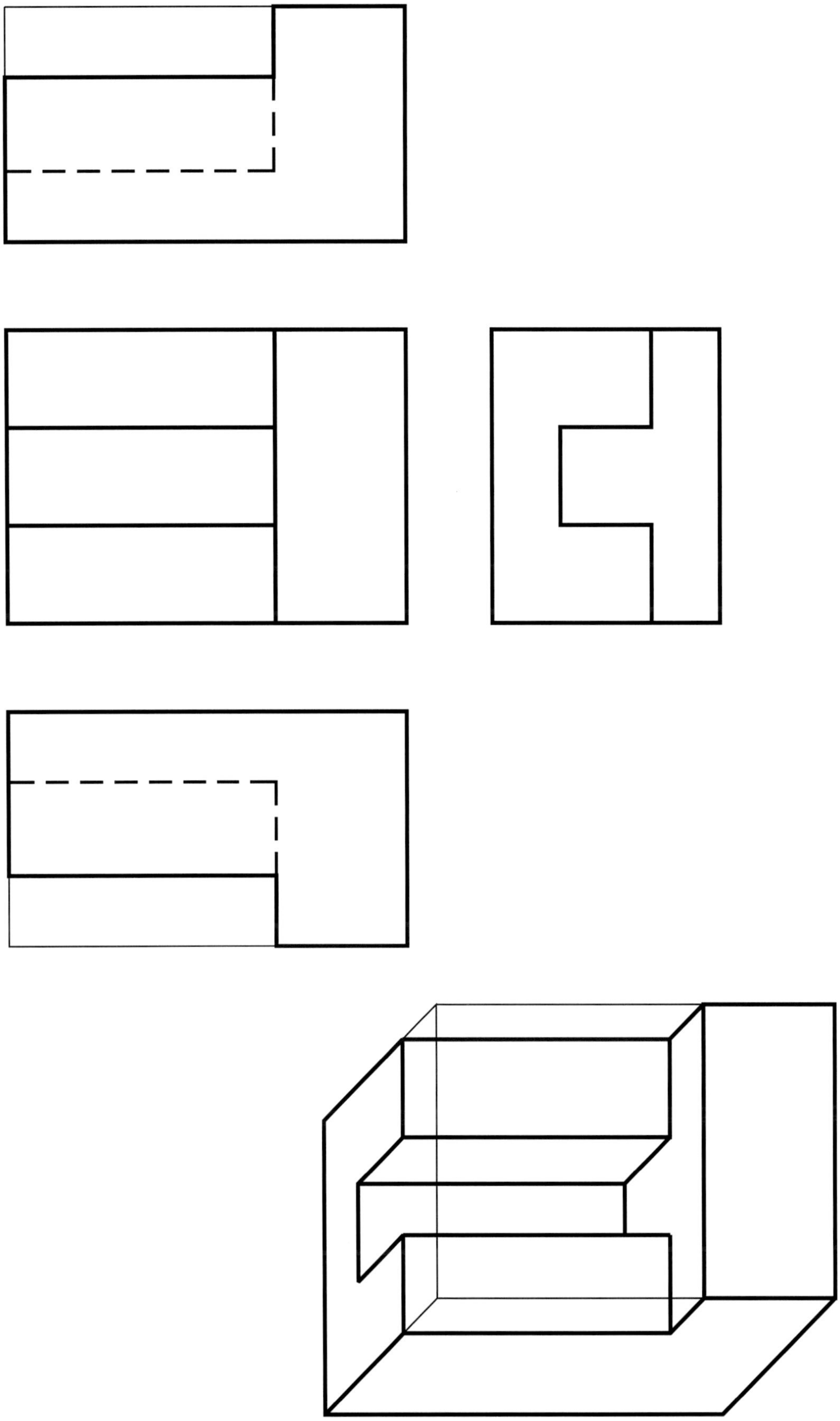

Binderauflager

Seite 315/4

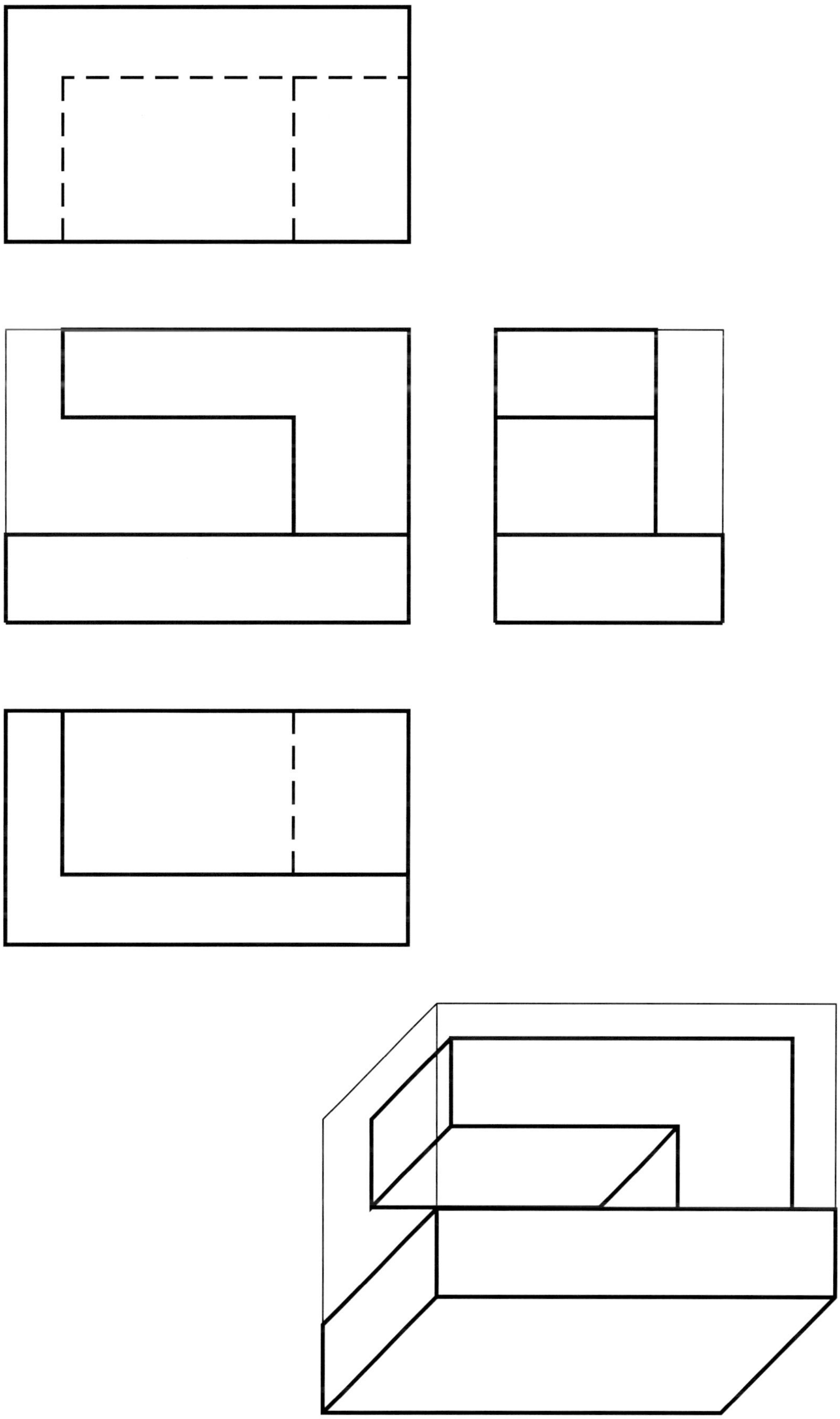

Holzverbindung: Schlitz

Seite 315/5

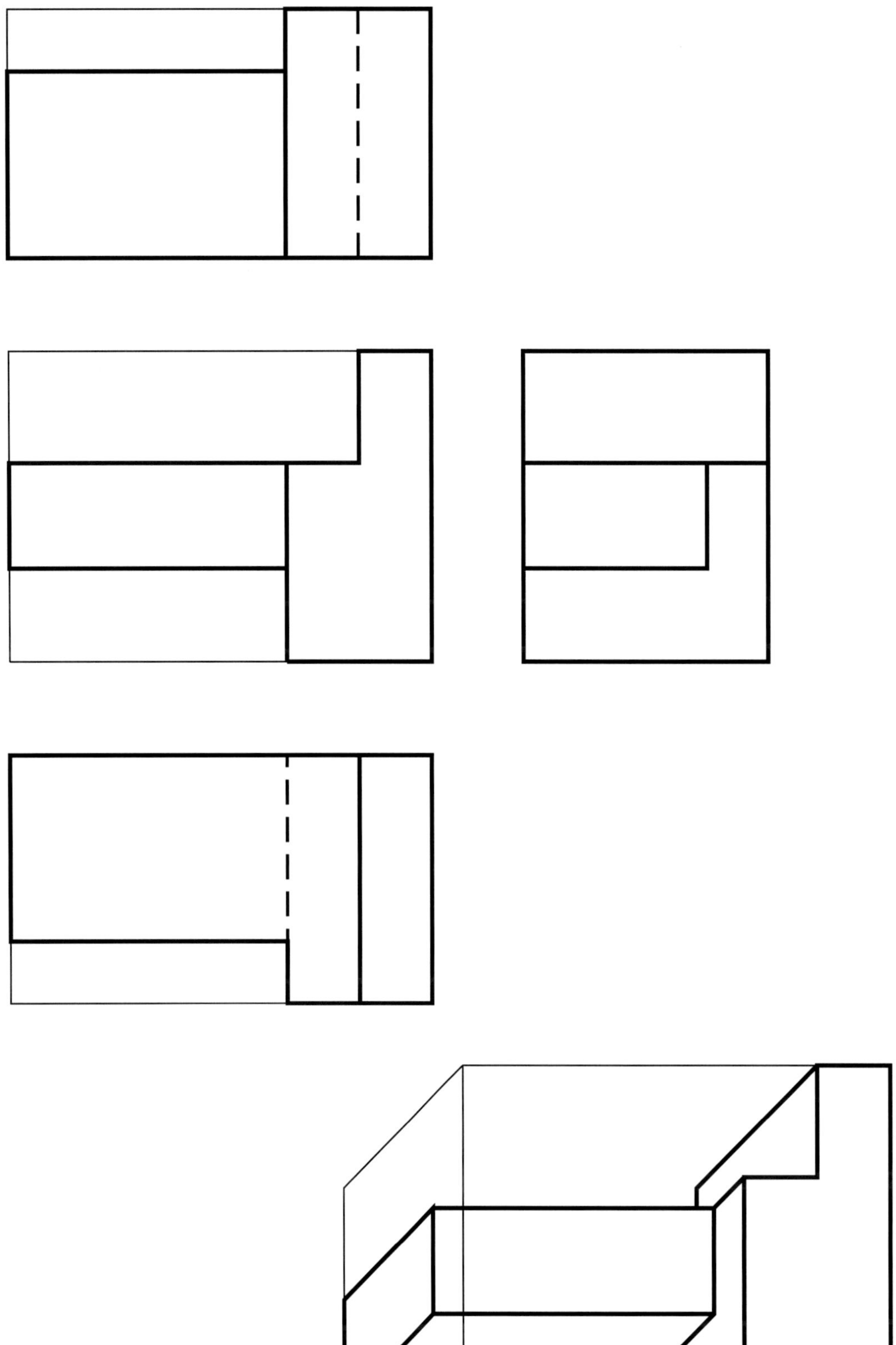

	Zapfen			
			Seite 315/6	

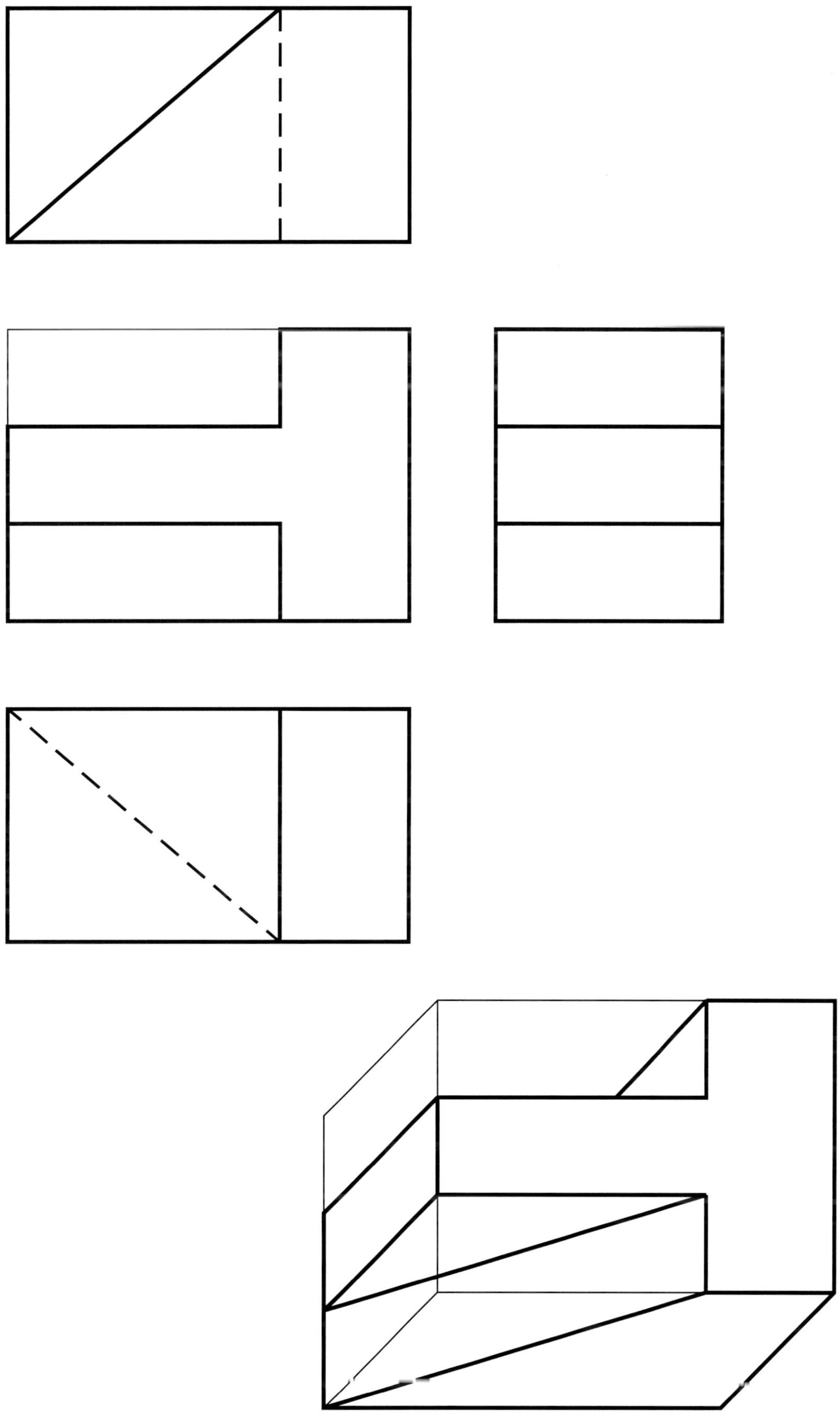

Zapfen mit Gehrung

Seite 315/7

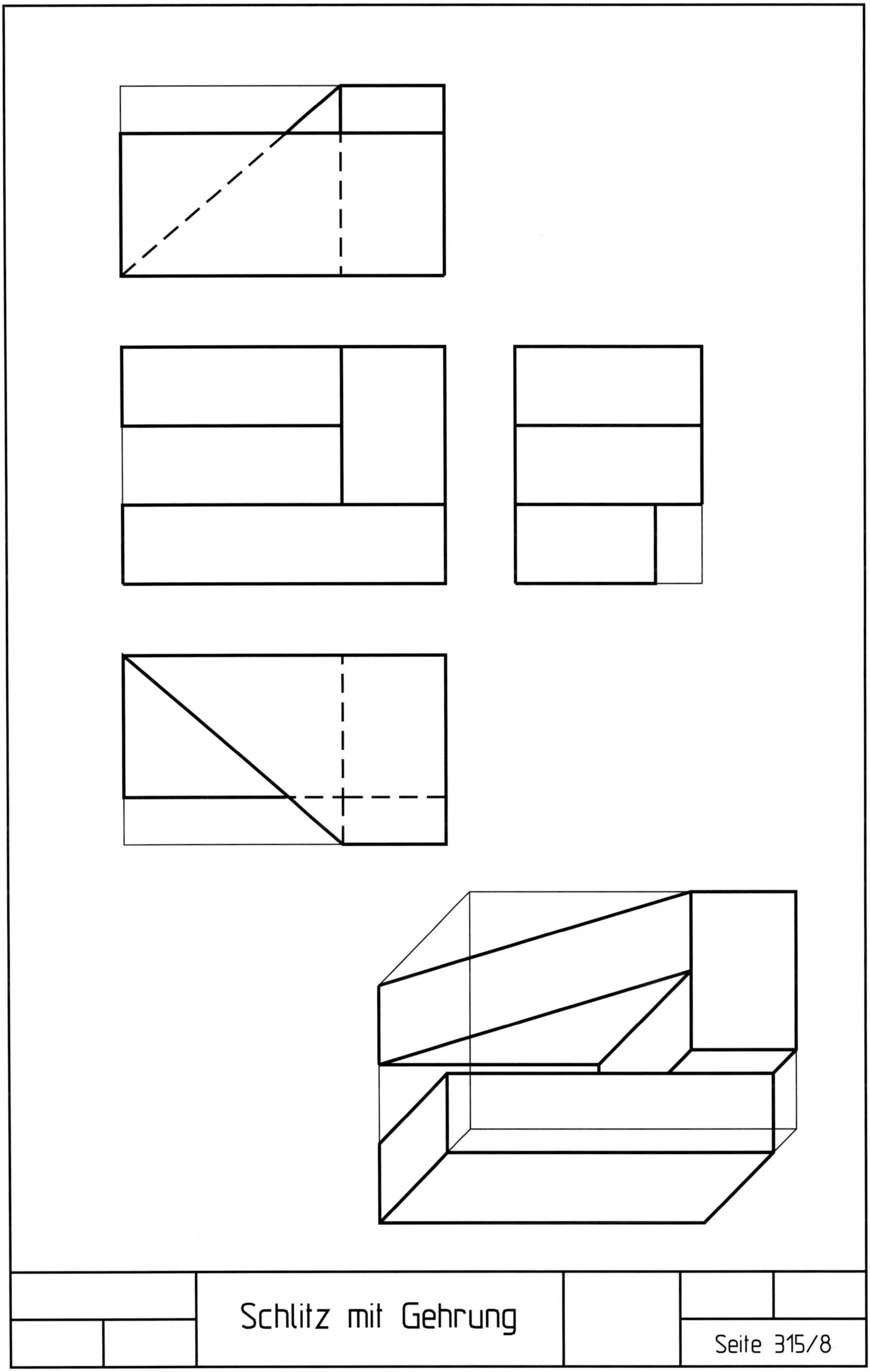
Schlitz mit Gehrung
Seite 315/8

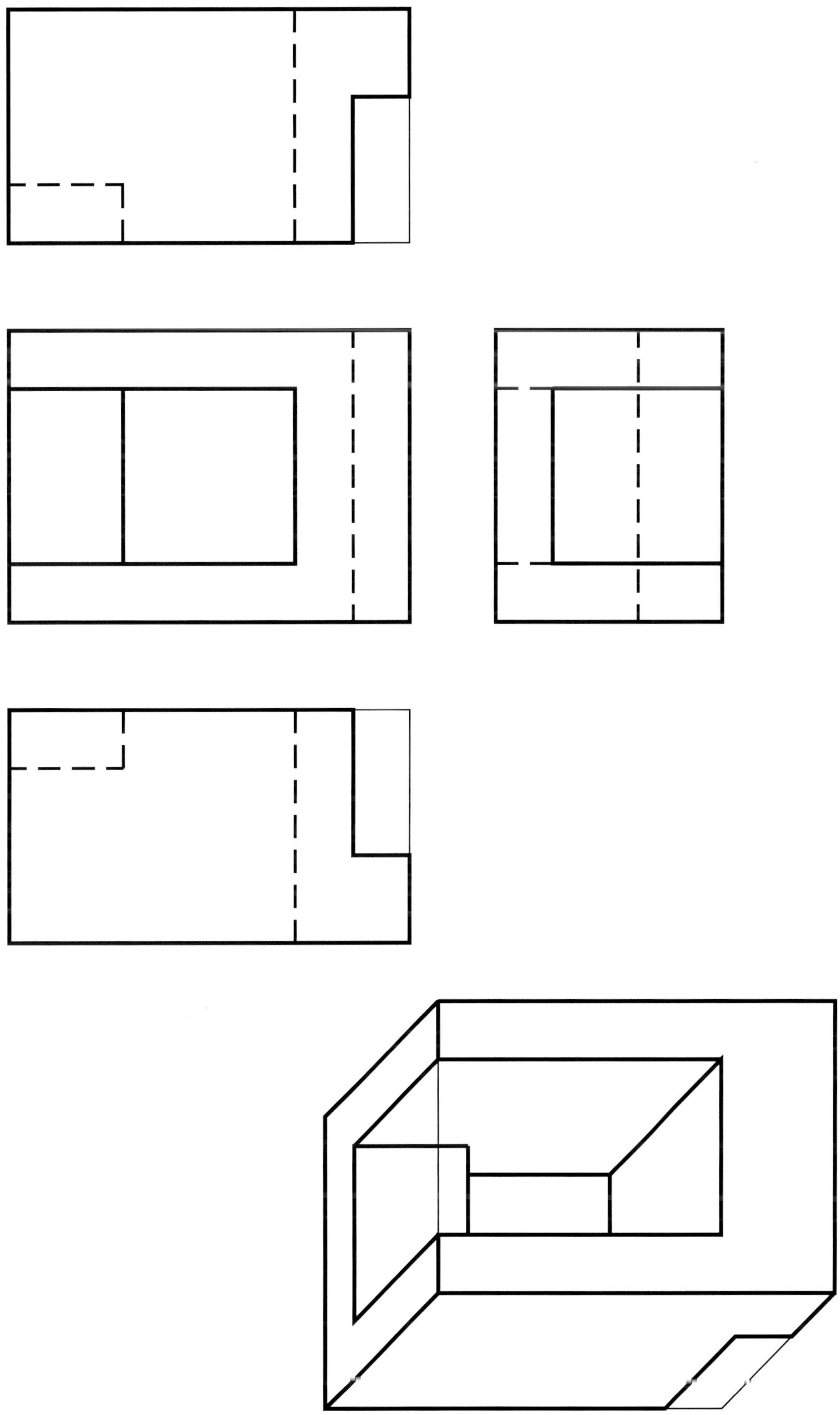

Wasserspeier (Fertigteil)

Seite 315/9

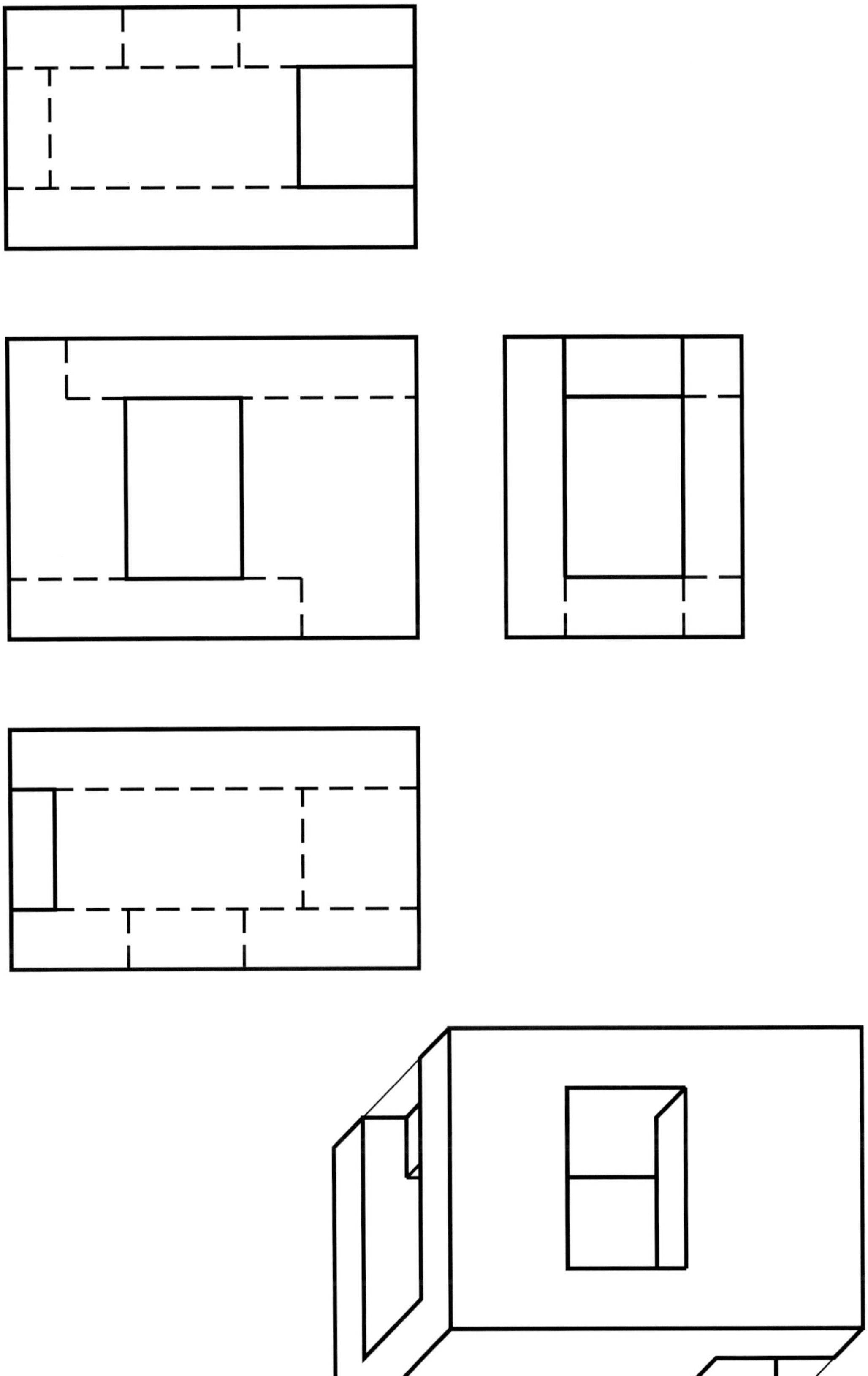

Lüftungsstein

Seite 315/10

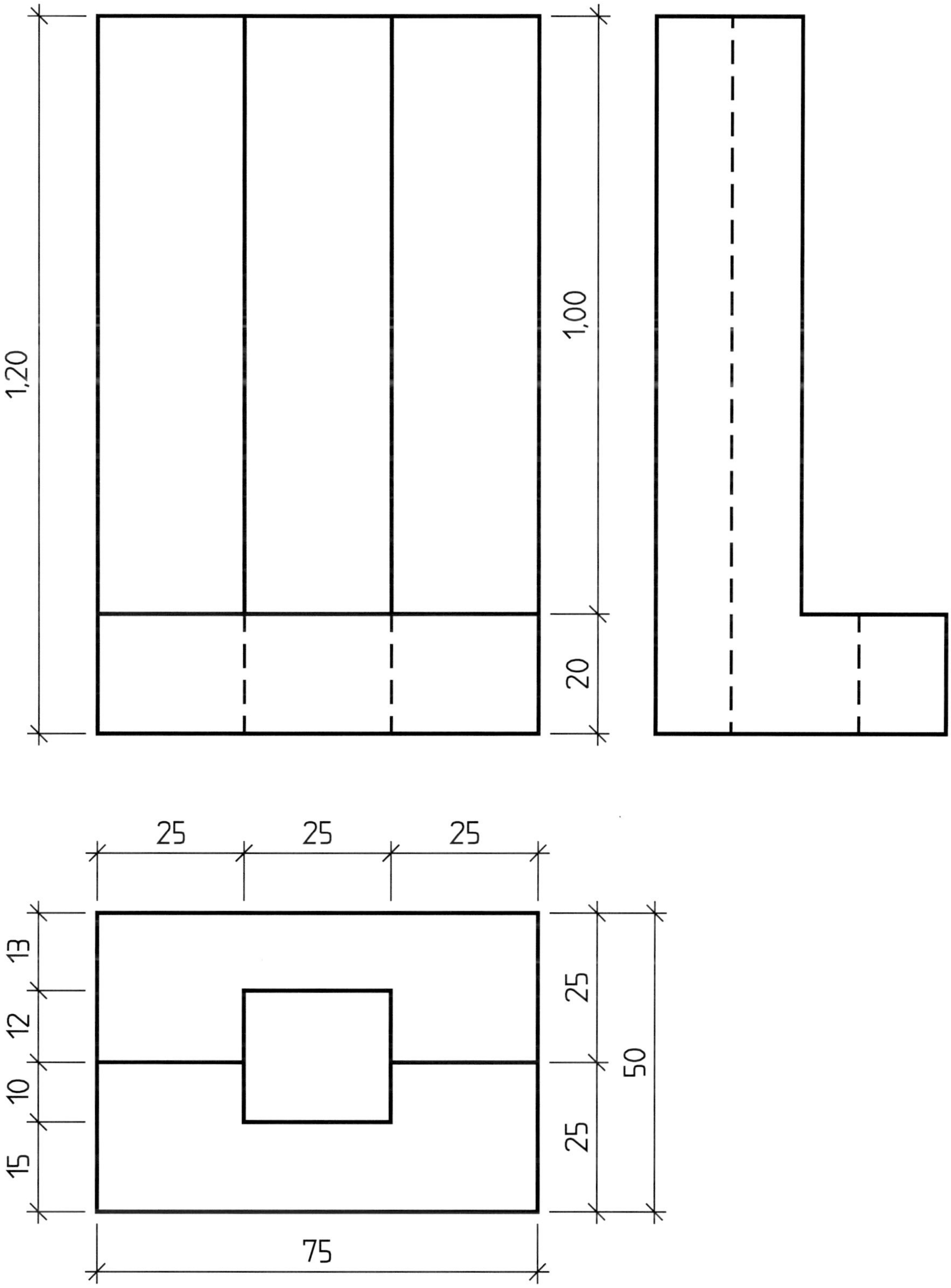

	Wand und Decke mit Aussparungen	1 : 10		
		m, cm	Seite 316/1	

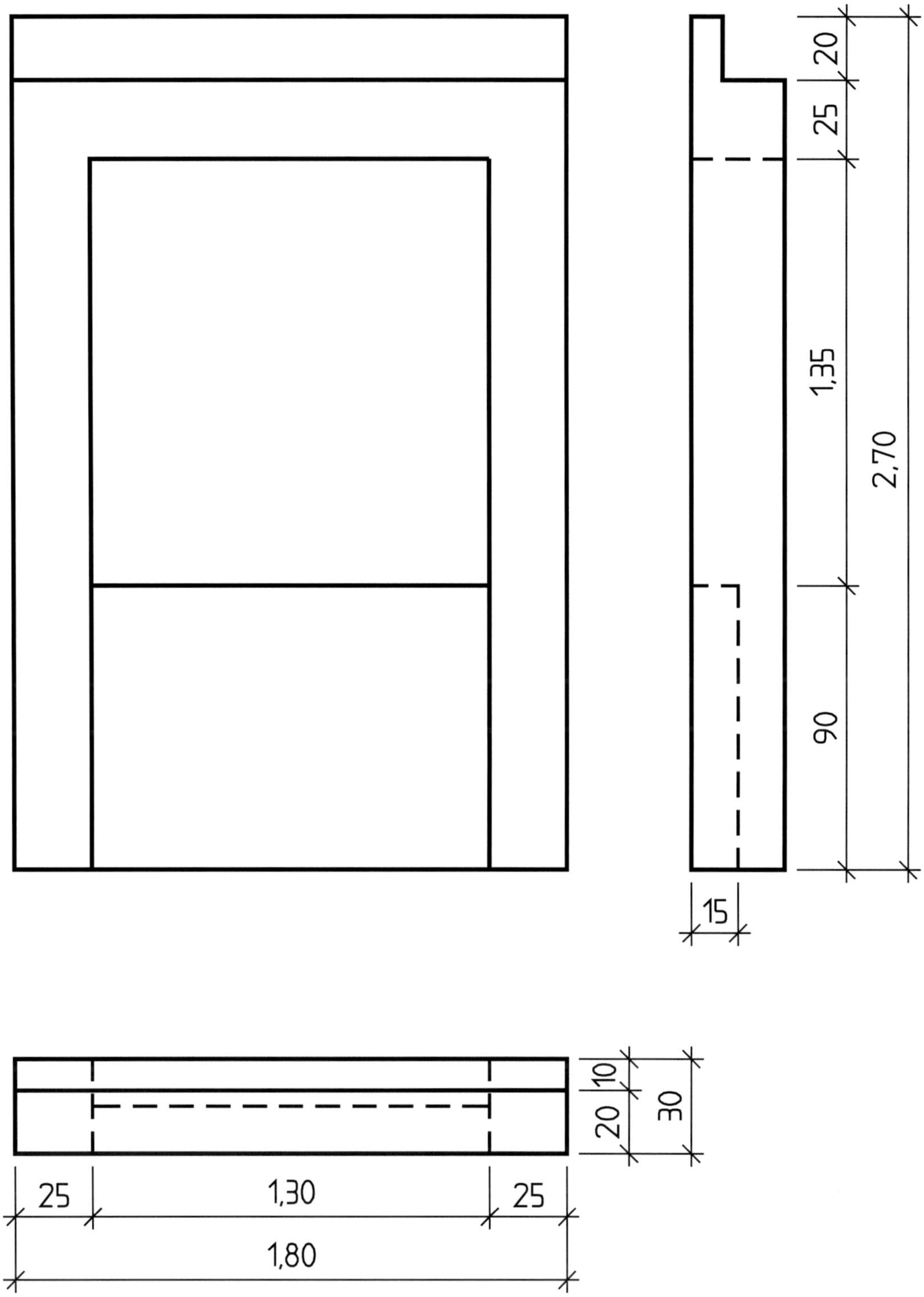

	Wandelement	1:20 m, cm		
			Seite 316/2	

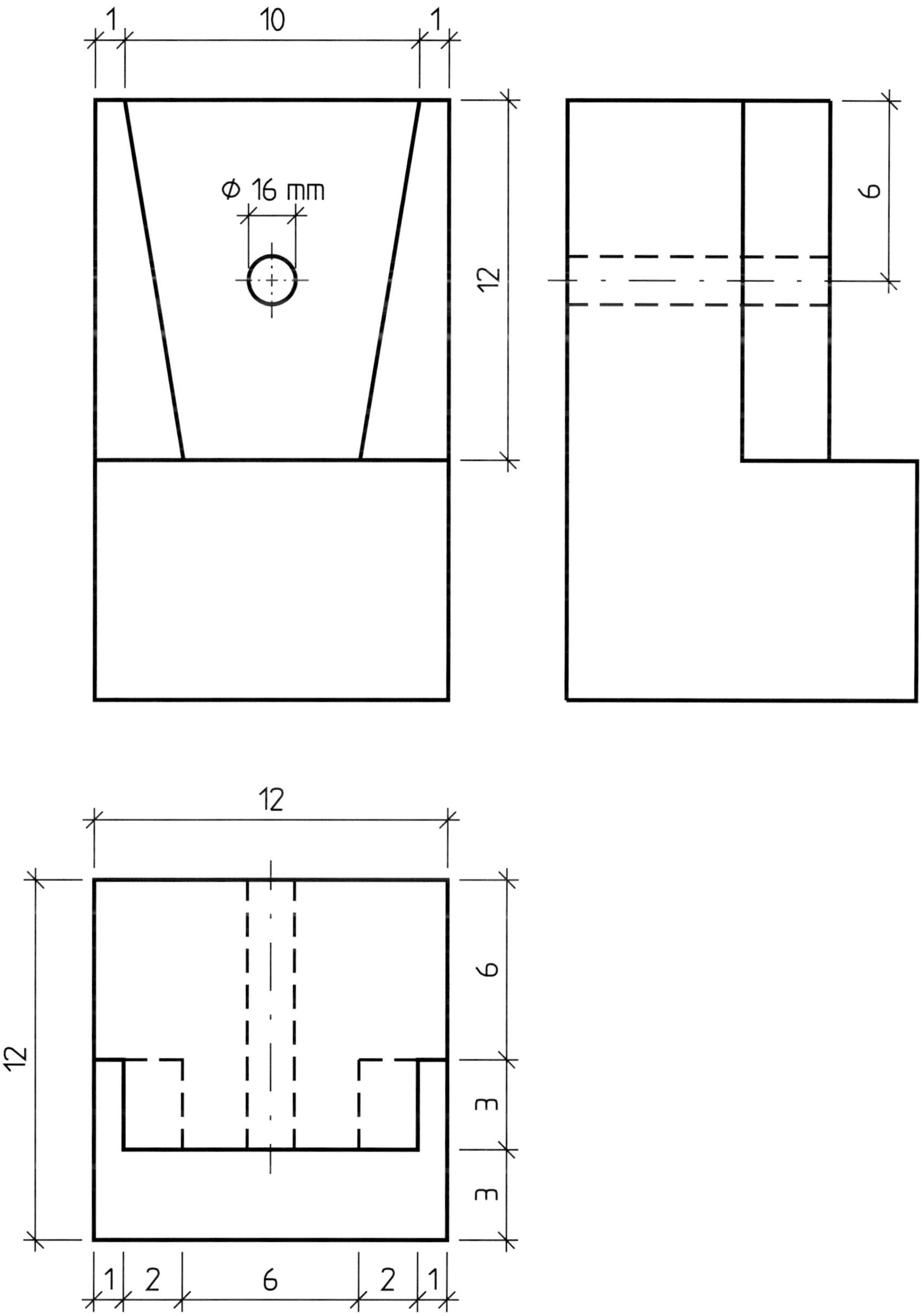

	Schwalbenschwanz	1:2	
	mit Bohrung	cm	Seite 316/3

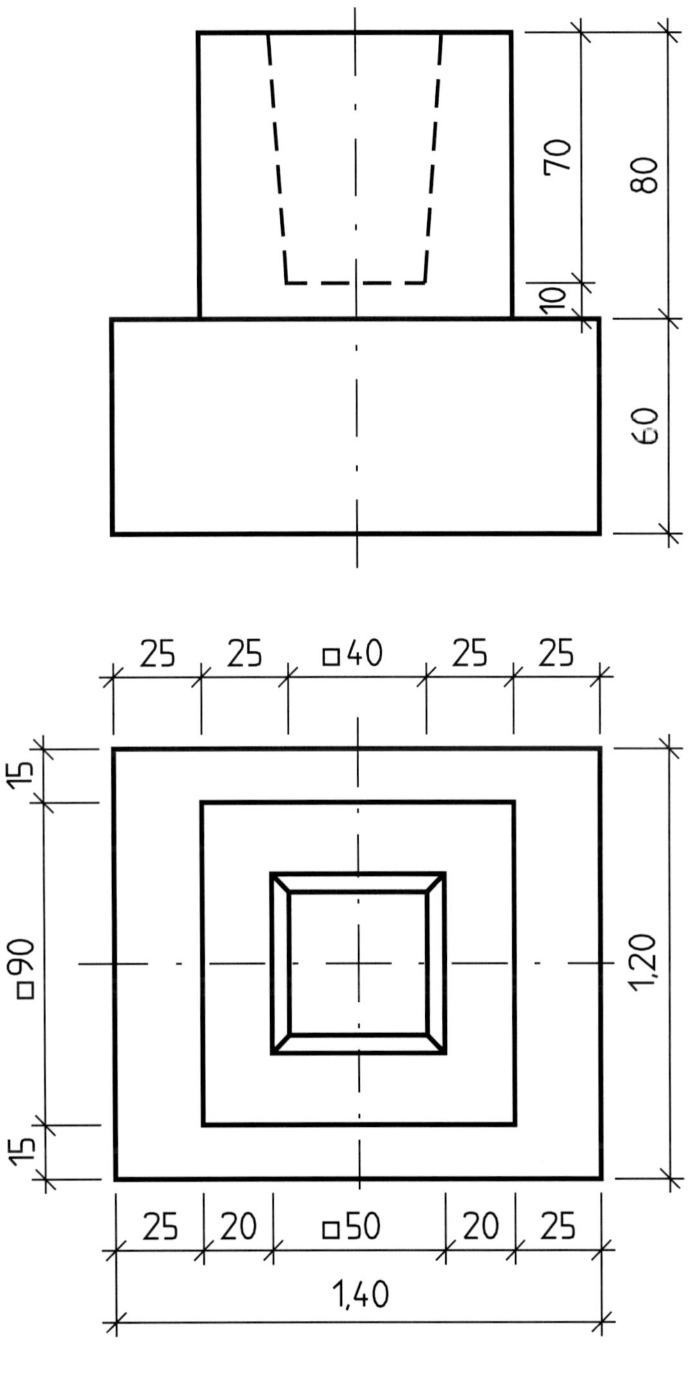

	Köcherfundament	1:20 m, cm		
			Seite 316/4	

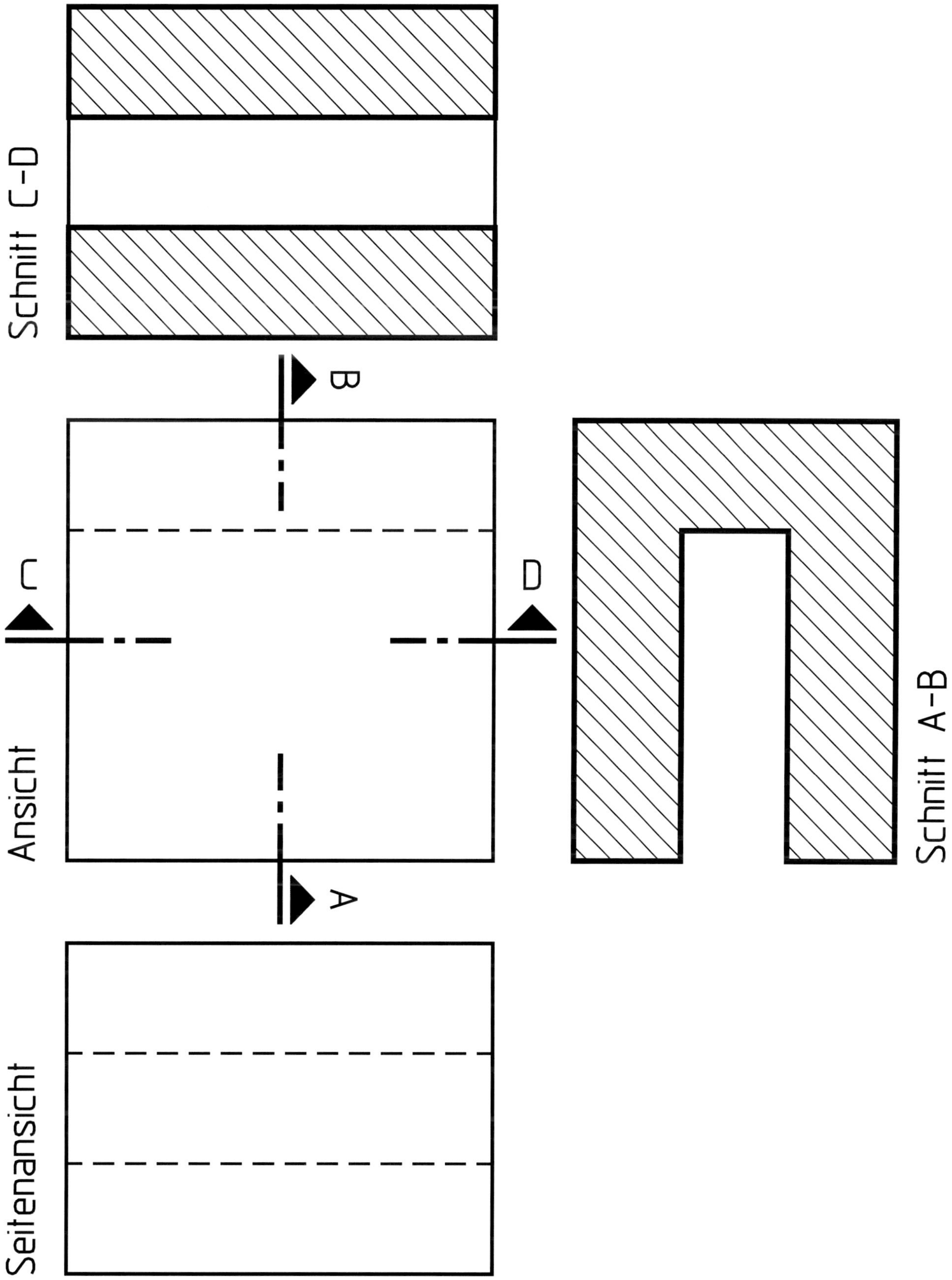

		Schlitz (Holzverbindung)			
				Seite 319/1	

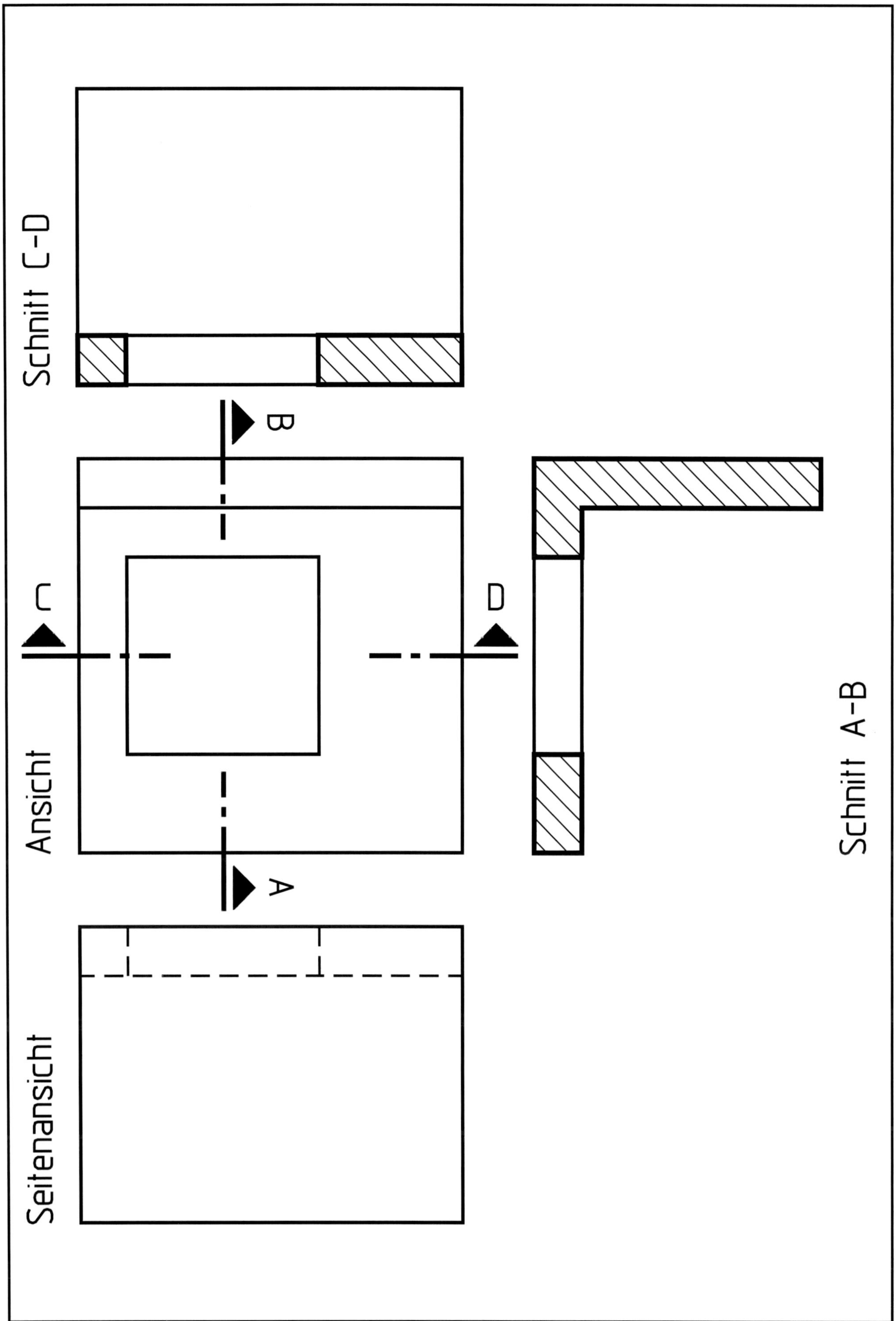

		Mauerecke mit Fenster			
				Seite 319/2	

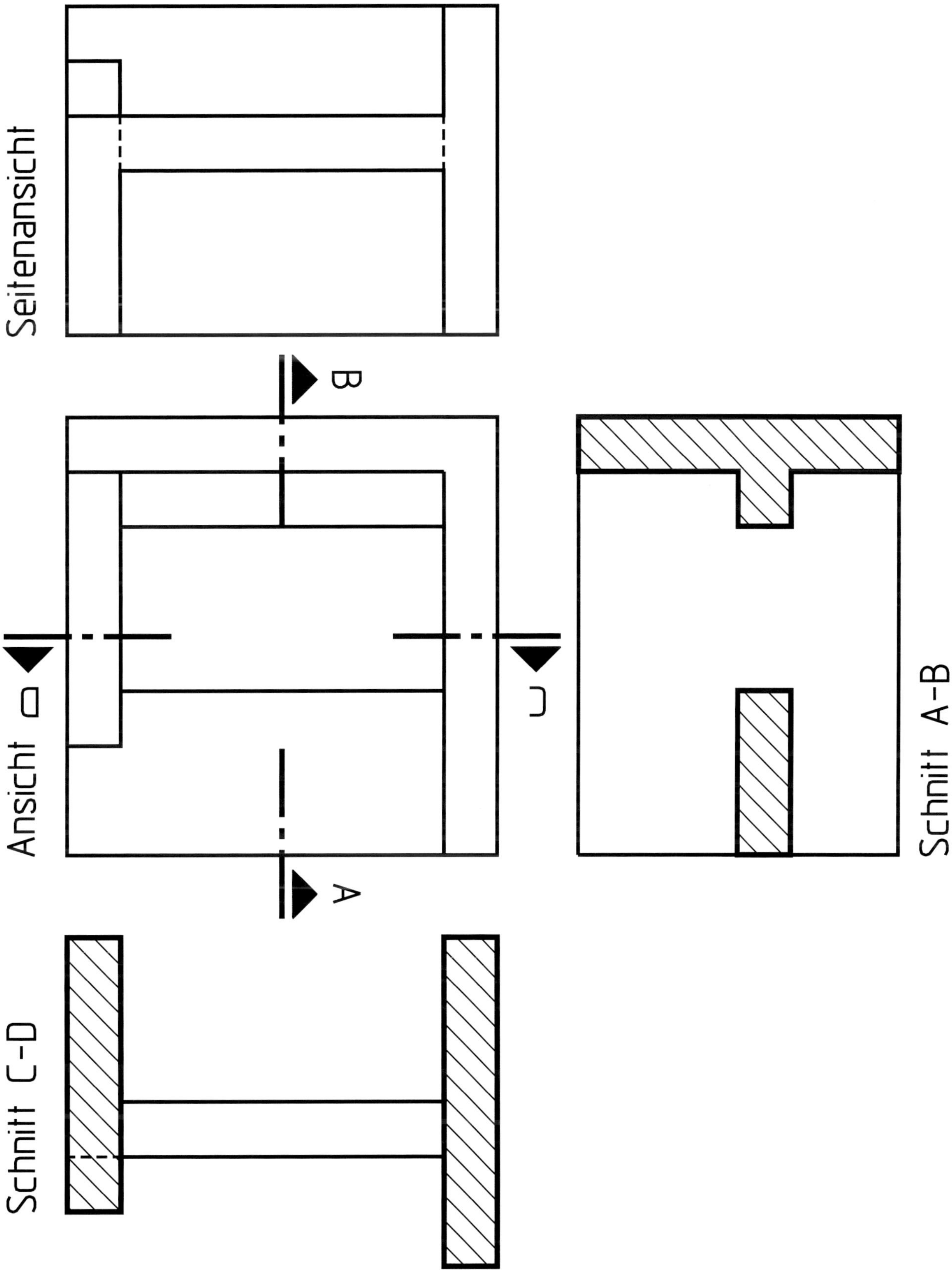

		Haustür mit Stufe und Decken			
				Seite 319/3	

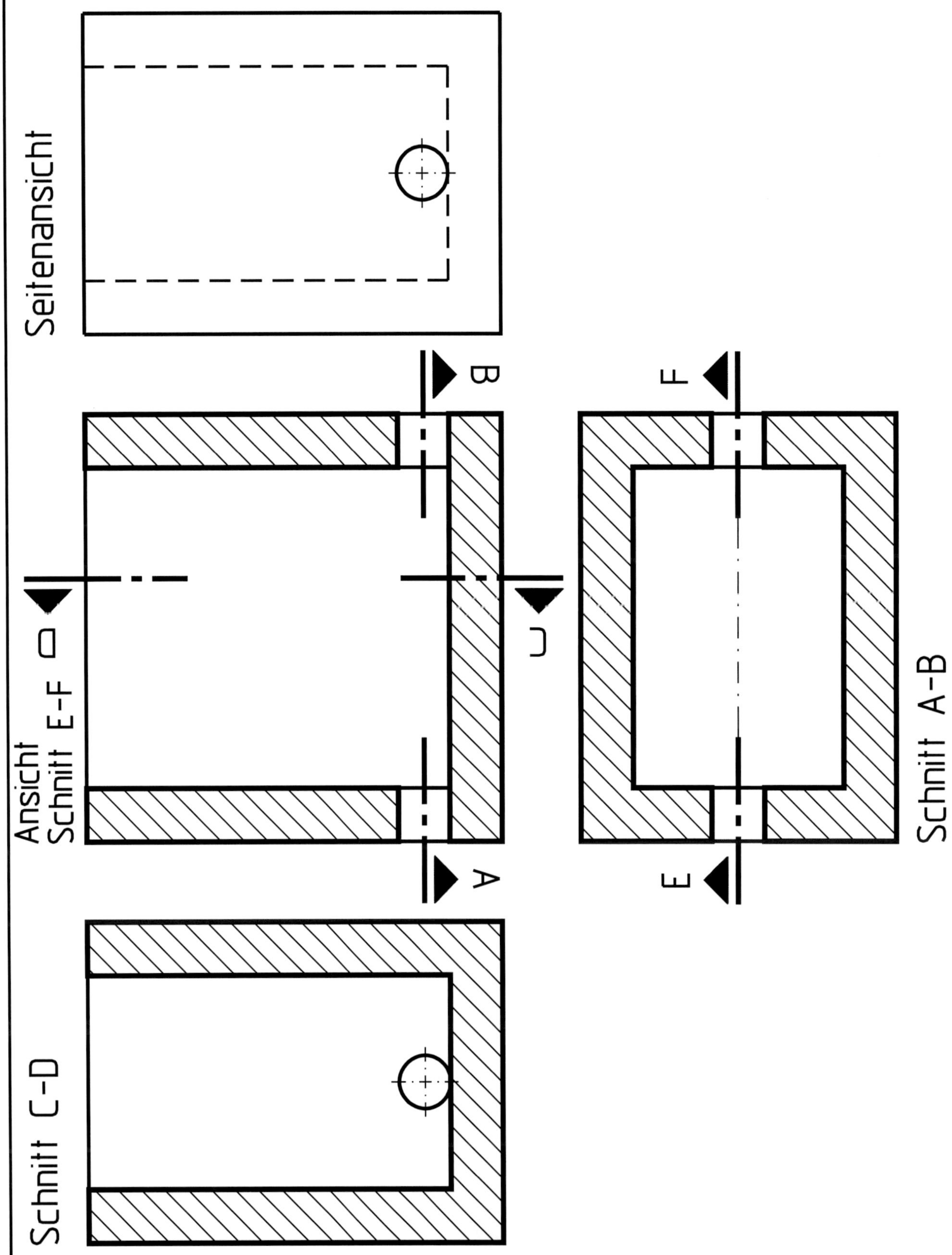

Kontrollschacht

Seite 319/4

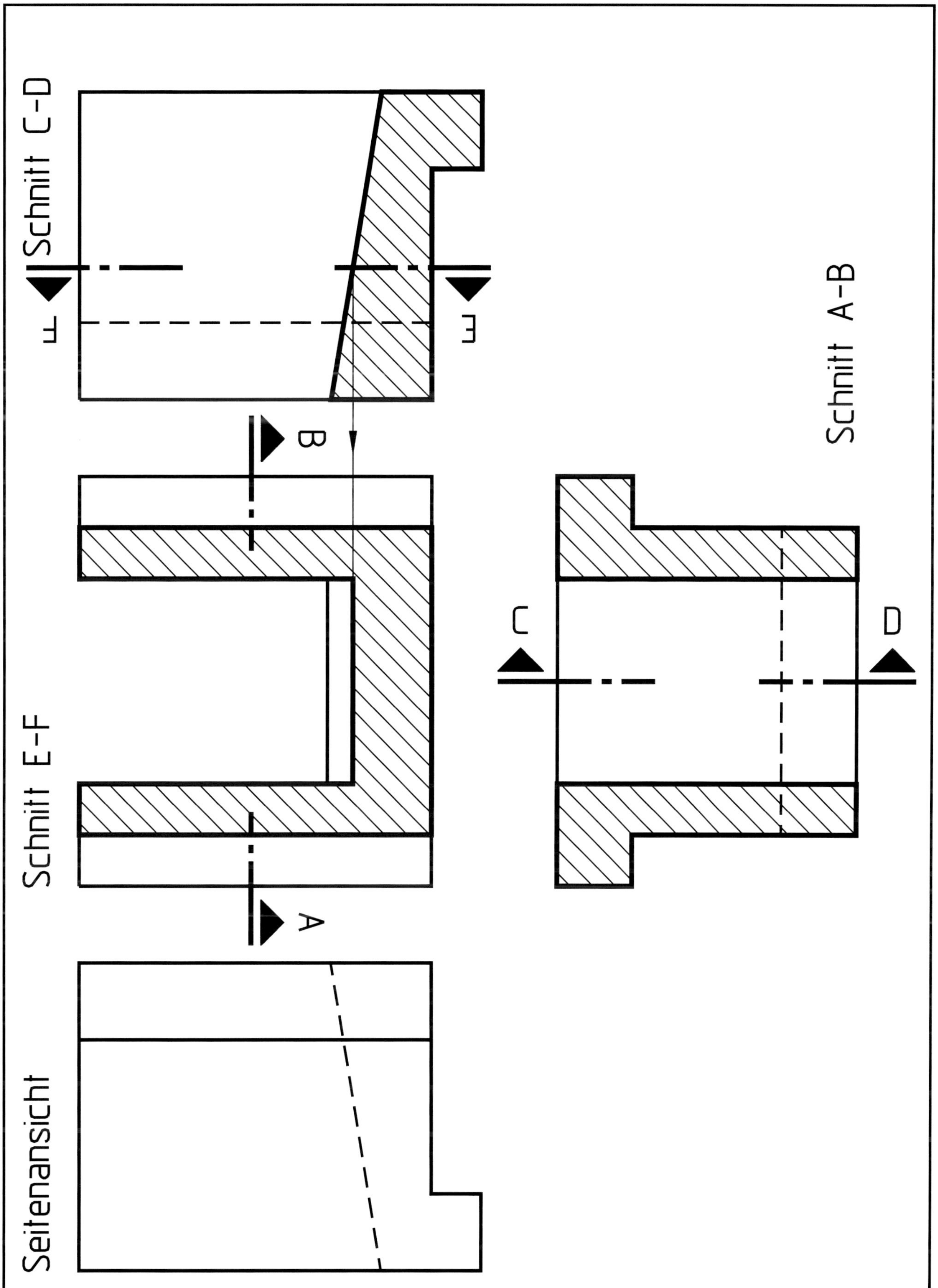

	Wasserspeier, Betonfertigteil			
			Seite 319/5	

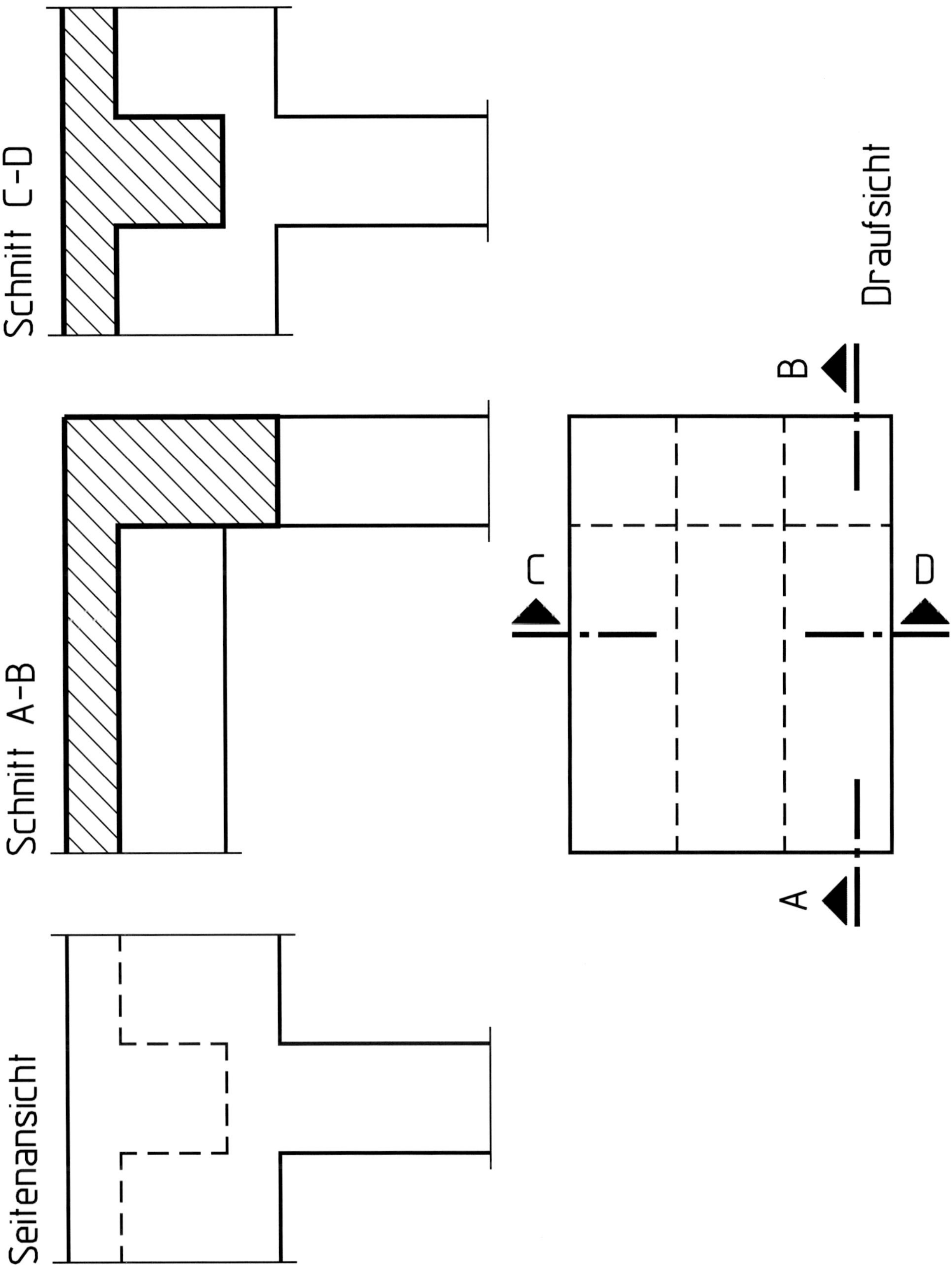

	Stütze mit Unterzügen und Decke			
			Seite 319/6	

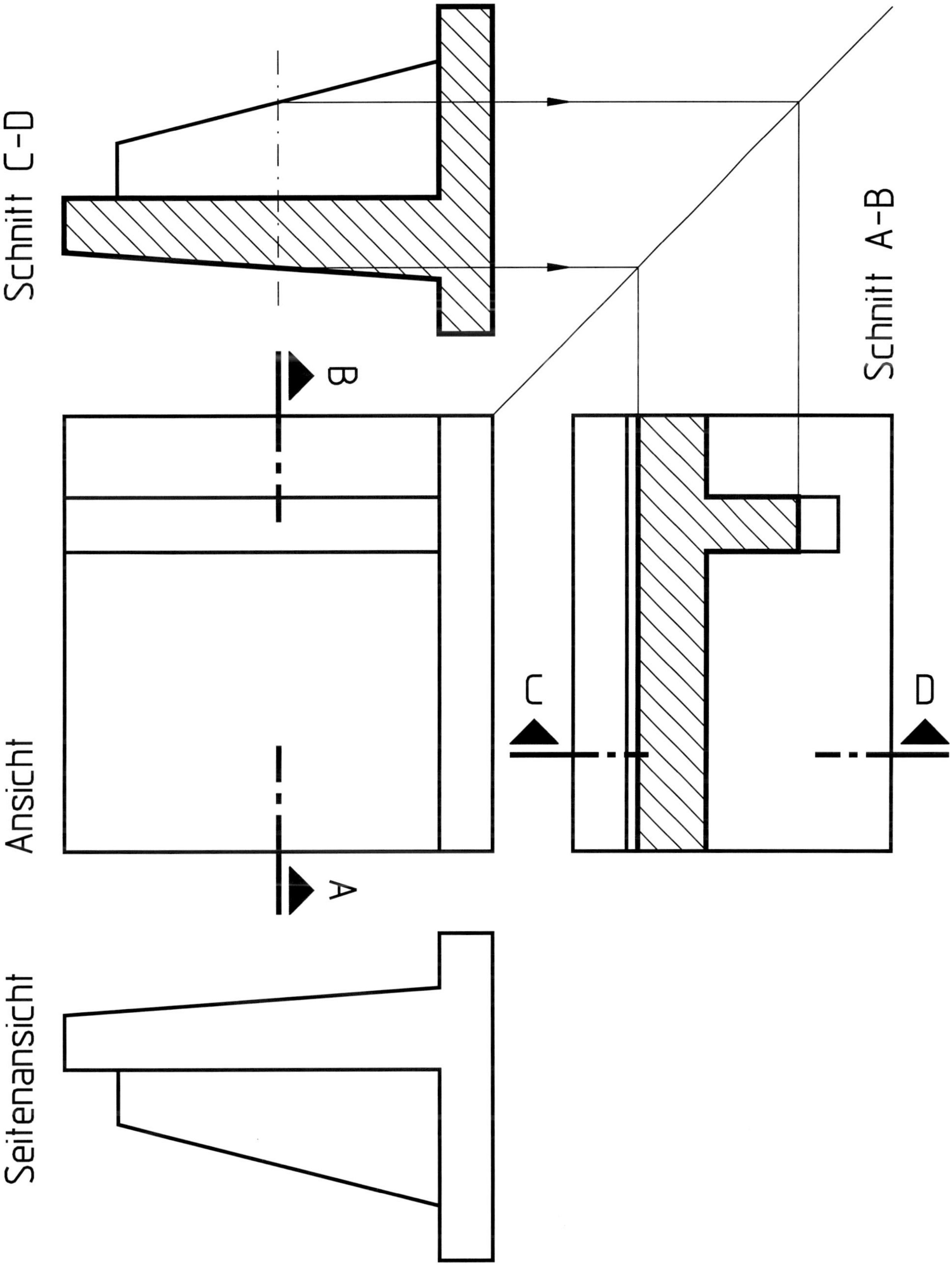

Winkelstützmauer
mit Strebe

Seite 319/7

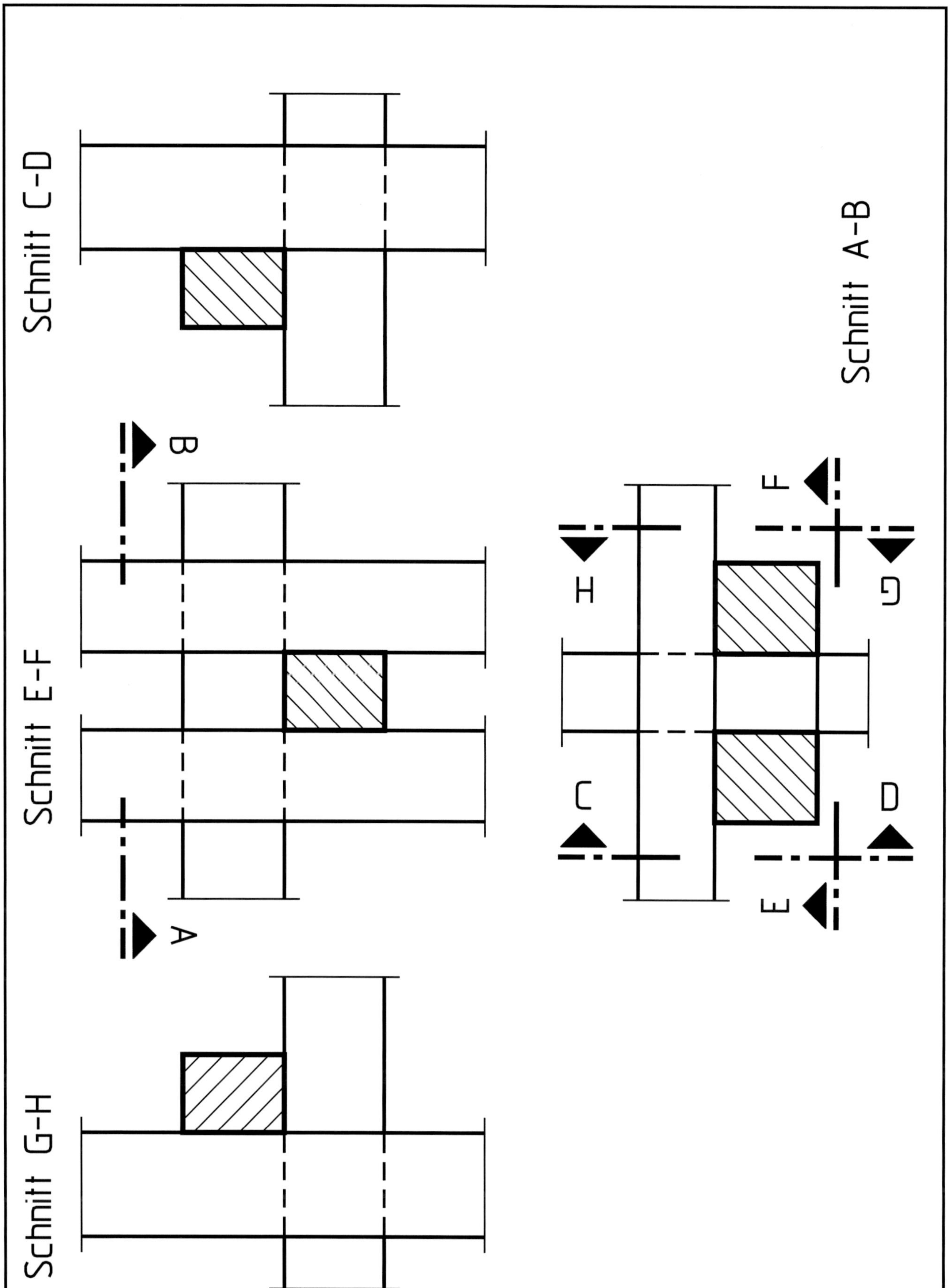

Holzskelettbauweise,
Knotenpunkt

Seite 319/8

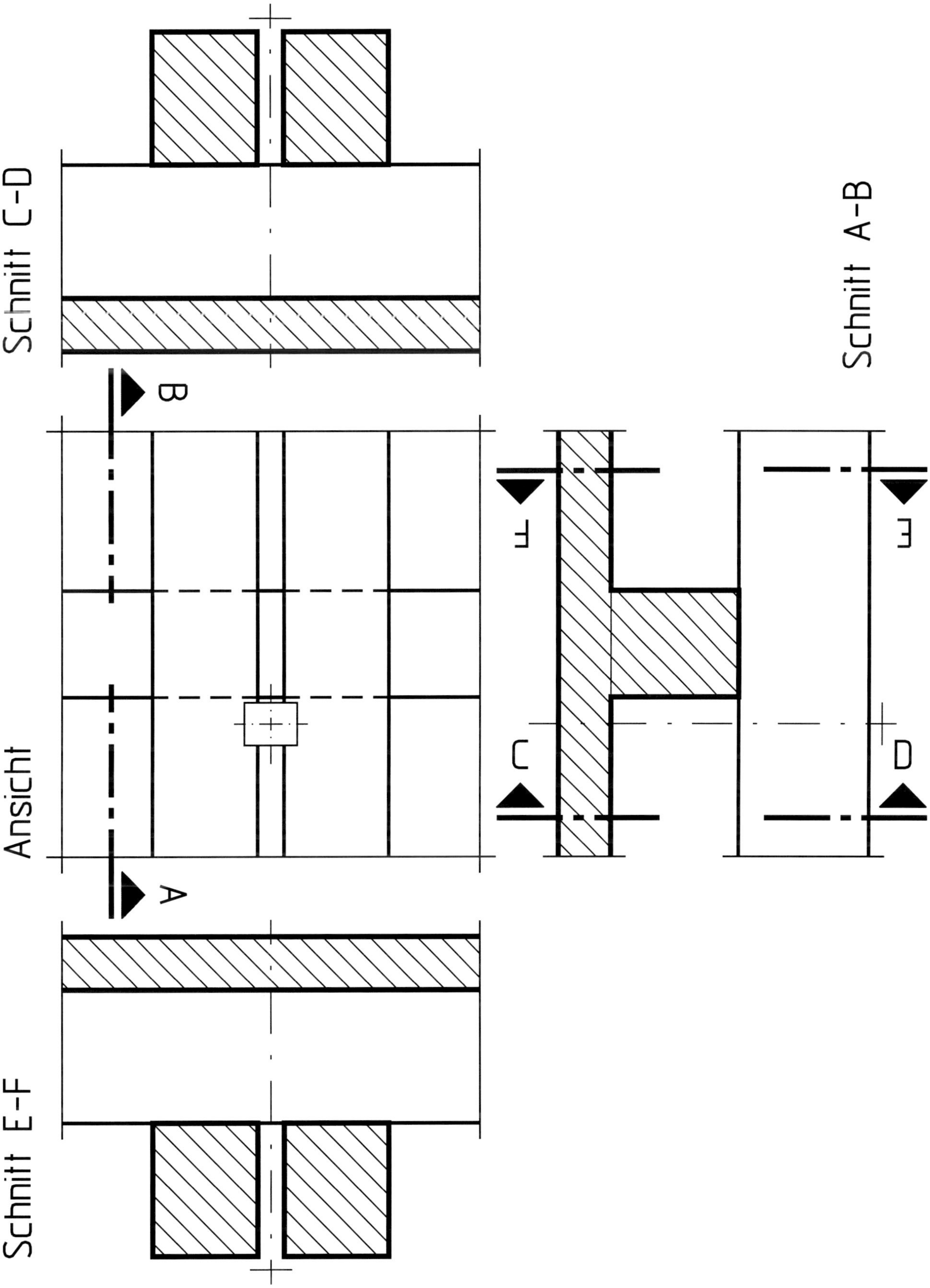

	Schalung für eine Betonwand		Seite 319/9